billboardを呼んできたサラリーマン

電鉄会社の傭兵たちが作った夢の棲家《すみか》

北口正人 著

発行：ダイヤモンド・ビジネス企画
発売：ダイヤモンド社

はじめに

「We make every guest happy!」（私たちはプロフェッショナルとして新たな価値を創造し、お客様一人ひとりへ幸せをお届けします）

六本木の東京ミッドタウン4階のクラブ&レストラン「Billboard Live TOKYO」の朝礼は、この言葉の唱和で始まる。

アメリカで100年以上の歴史を持つ音楽ブランド「Billboard（ビルボード）」の名を冠したこの店は、3層のフロアに約300の客席があり、ステージ背後のカーテンが開けられると天井から床に至る一枚の高透過ガラス壁があり、そこに、東京・六本木の美しい夜景が現れる。ディナータイムは、この林立する高層ビルの窓明かりを見ながら美味しい食事やお酒を味わい、一流アーティストのライブを身近で堪能できるスペースになる。

しかし、この上質な都会の夜を楽しんでいるお客様のほとんどは、日本に「Billboard」を持ち込み、「Billboard Live」や「Billboard CLASSICS」、そして「Billboard Japan Charts」を立ち上げたのが、大阪の阪神電鉄のサラリーマンたちだったことは知らないだろう。

大阪ブルーノートに始まり、創業して30年。そして、この「Billboard Live TOKYO」では、開業以来12年の月日が過ぎた。スティーリー・ダン（Steely Dan）、ベイビーフェイス（Babyface）、ローリン・ヒル（Lauryn Hill）、桑田佳祐、玉置浩二といった国内外のプレミアム・アーティストが3クラブ（東京・大阪・福岡）合計で約４９００組（２０１9年3月末時点）も出演し、３００万人以上のお客様に楽しんでいただいている。

そして、いよいよ２０２０年春には、「ビルボードライブ横浜」がオープンする。これからも世界の素晴らしい音楽を独自の視点で日本の音楽ファンに紹介することで、オンリーワンのエンタテインメント・ブランドとしてさらに磨きをかけていきたい。

30年前、大阪で「石橋をたたいても渡らない」会社の代名詞であった阪神電鉄の大半の役員の反対を押し切り、この事業をはじめた電鉄サラリーマンたちが抱いた〝夢〟は着々と実現しつつある。

本書ではその軌跡を振り返るとともに、サラリーマンでも好きな事業が実現でき、〝夢〟は諦めなければ自分を取り巻く世界はやがて大きく広がることを、特に若い方々に知っていただきたいと願い、筆を執らせていただいた。なお、本書に登場する人物名の敬称は略させていただいていることを、あらかじめお断りしておく。

目次

第4章　プールサイドでスカウトされた男

第5章　ビルボード事業開始への道

第6章　ビルボードのブランディング

第1章

サラリーマンだから挑戦できることがある

役員を蒼然とさせたジャズクラブ事業計画書

昭和63年（1988年）12月、阪神電気鉄道株式会社（以下、阪神電鉄）の役員会に「事業部」から一通の計画書が提出された。表紙には、「Blue note（ジャズクラブ&レストラン）梅田店出店事業計画書」と印字されていた。

当時の「事業部」と呼ばれた組織とは、阪神甲子園球場、六甲山地区の施設及び甲子園阪神パークの運営、鉄道媒体の販売管理及び宣伝業務を行なっていた部門で、事業部長は山崎登で、私は彼の部下であった。企画書の趣旨は、「ニューヨーク・マンハッタンの老舗ジャズクラブ・ブルーノートを、大阪で展開したい」というものである。

——鉄道会社が水商売を始めようというのか？

企画書のタイトルを見た役員たちは、そう訝しんだ。

阪神電鉄は、「石橋を叩いても渡らない」と言われるほど慎重な経営方針をとっていたので、「ジャズクラブ&レストラン」という表記に〝水商売〟を重ね合わせた役員も多かったに違いない。さらに、「Blue note」という横文字も怪しげで、文房具と勘違いした役員はいたが、世界で有名なジャズクラブであることを知る役員は皆無だった。

しかし、山崎は〝国民のニーズは「ものの豊かさ」から「精神的な豊かさ」を求める方向へ変化して行くであろう〟という確信と時代の変化を捉えようとする並々ならぬ意欲をもって、この企画書を作成していたのである。

今でこそ、消費者のニーズは「モノよりコト」に変化していると盛んに言われているが、当時の山崎はこれを先取りしていた。この時の役員会では事業計画は持ち越され、平成元年（1989年）3月、再び事業計画書が提出された。山崎は、本気だったのである。

2回目の計画書には、電鉄会社の事業部が作成するには大仰ともいえる時代の変化に対する洞察と新事業に対する情熱があふれていた。その一部を、抜粋してみる。

――都市は「何かおもしろいものはないか」という大衆の欲望に迎合して、「お祭り」の時間と場所を提供するため、近代都市に必要であり優先してきた「秩序（コスモス）」を捨て、「混沌（カオス）」に市民権をゆずろうとしているのではないだろうか。原始時代の「大いなる混沌」、「ゆたかな未知」を都市にとりもどし、神話的・伝統的な空間をつくりあげ、熱気・感動・興奮・時代錯誤・誇大妄想をまっとうなものとして都市文化の中心に位置づけようとしているように思える――。

この難解な一文に反応したのは、社員たちだった。私もその一人で、その時、電鉄会社に入社したはずの私のサラリーマン人生が大きく軌道を外れた瞬間であった。

何かやりそうな男

山崎が大阪の梅田に、本場ニューヨークからジャズクラブを持ち込もうとした動機は、既に事業計画書から抜粋した通りだが、私なりの理解で言い換えれば、「日本の音楽ファンもクオリティーの高いライブ演奏を聴く時代になるだろう」と予感するだけでなく、そういうスペースを創りたいという強い意思を持ったということだ。

結果的に、阪神電鉄がこの事業計画を採用したのは、当時の阪神グループがまだ体験したことのない領域へ挑戦することで企業内部の期待形成システムを構築できるという期待があったからに他ならない。つまり、何か面白いことをやってくれそうだな、という期待感を社員たちに持たせたかったからだ。それほどまでに、当時の阪神電鉄はリスクを冒さない企業という印象を社内外で持たれていたように思う。

実は、山崎の冒険心に引き寄せられた最初の男は、当時の阪神電鉄社長・*久万《くま》俊二郎だったように思う。久万は、プロ野球・阪神タイガースのオーナーでもあった。

私は事業報告を行なう中で聞いたことだが、久万は非常に運の強い男で、学徒出陣で兵士となり海軍将校となってから、終戦直前の最も戦況が熾烈になっていた時期に玉砕寸前まで戦ったにもかかわらず戦後無事生還したという強運の持ち主として知られている。それも、飛行機に乗っていたというのだから驚きだ。

また、これは直接ではないので不確かな話だが、1985年8月12日に通称「御巣鷹」に墜落した日本航空123便に乗る予定だったと聞いたことがある。私はそれを遊園地で開催予定のサーカスを視察するために名古屋方面への出張帰りの車のラジオで知り、当社の役員や社員が巻き込まれたこともあり、大きな衝撃を受けたことを鮮明に覚えている。

もし、久万が災禍に巻き込まれていたなら、山崎の事業計画は実現しなかったのではないかと思うと、いまさらながらビジネスには〝運の強さ〟も必要だと痛感している。その意味では、山崎も強運の持主だった。

その山崎は、根っからの電鉄マンではなく、神戸市役所からの転職者だったが、既に華々しい新規事業を立ち上げた実績を持っていた。「六甲山人工スキー場」を作り、「六甲高山植物園」も手がけている。つまり、「何かやりそうな男」だったのである。それを社長の久万も、感じていたのであろう。

＊久万俊二郎
1921年1月6日生まれ、2011年9月9日没。兵庫県出身。高知県育ち、元海軍将校。日本の実業家。阪神電気鉄道元社長・会長・取締役相談役。1946年、阪神電鉄入社後、1984年から2004年まで阪神タイガースのオーナーを20年間にわたり務めた。在任中の同球団の成績はAクラス4回、最下位10回だった。

山崎とブルーノートとの偶然の出会い

ところで、阪神電鉄の期待形成システムに、なぜブルーノートが選ばれたのか。

それは、偶然から始まった。

１９８８年、山崎が出身元の神戸市役所から六甲アイランドの土地取得コンペの情報を仕入れ、そのコンペ提案の内容を作成するために渡米した時、案内役を務めていた阪神エアカーゴ（当時）の現地社員がブルーノートのオーナーと知り合いだったことに始まる。

先述した「ニューヨークのクオリティーの高いライブを日本へ」の発想もこの時に生まれたようだ。また、その現地社員の昔のバンド仲間の一人が株式会社大阪ジャズファミリーの宮本直介社長ということを知って、山崎は帰国後に同社を訪ねた。ちなみに、大阪ジャズファミリーは大阪のジャズを盛り上げようというコンセプトで創業され事業を行なっていたが、現在はない。

宮本社長と会った山崎は、ブルーノートが日本進出に興味を持っているという情報があると伝え、同社を総代理店として、ブルーノートのライセンシー店を大阪で出店できるようにしてほしいと働きかけた。宮本社長の協力を得るために、同社がブルーノートでサラ・ボーン（Sarah Vaughan）のステージ収録などができるように、さまざまなサポートをした。

この年の5月初旬、阪神電鉄企画調査室係長の住田憲亮が宮本社長と渡米し、ニューヨークでブルーノートのマネージャーやその弁護士らと面談。その結果、ブルーノートの日本におけるライセンシー店は、東京と大阪の2店舗とし、出店のブローカリーの権利を大阪ジャズファミリーが取得することで合意された。

ところが、9月に入り、阪神電鉄はブルーノートを出店させようとしていた六甲アイランドのコンペに落選してしまう。この時の山崎の着想は奇抜だった。六甲アイランドにバルクキャリアと呼ばれる大型貨物船を持ち込み、船内でブルーノートをオープンしようと考えたのだ。

ブルーノートが一店舗目を東京に出店させたいという強い意志もあり、阪神電鉄も東京でビール会社などに協業出店の提案を行なうべく社内で検討をしたが、その案は一蹴され、当社がもたついている間にブルーノート東京店はあるアパレルメーカーがライセンス契約を締結した。

その後、私が阪神エリア内で五つの出店候補地を探して山崎に提案し、11月上旬に最終的に大阪桜橋にあった東急不動産のＡＸビルにブルーノート大阪店を出店することになった。

・RIP1（ピラミッド型建物）

・RIP2（ブルーノートのデザイン）

・RIP3（バルクキャリア船の中にブルーノートを作る予定であった）

・RIP4（鳥観図）

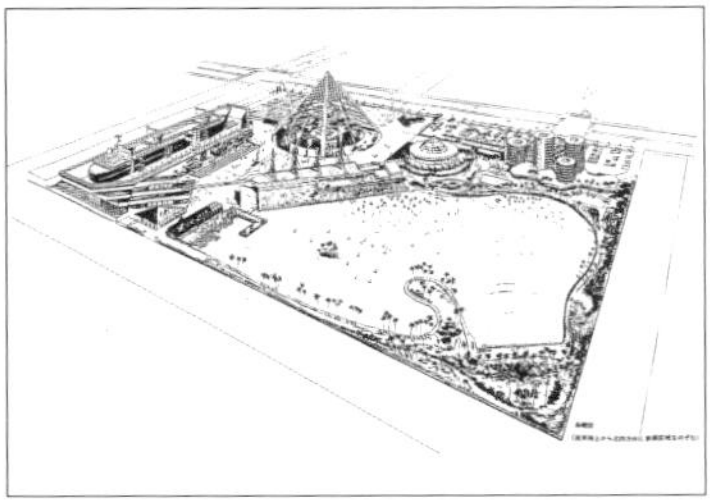

六甲アイランドコンペ用パース

この顛末は後述する。

ＡＸビルは大阪市北区曾根崎新地にある地上10階、地下1階の商業ビルで、ブルーノートの大阪店が入るフロアは１６１坪。座席数は２４６席で、立ち見も入れれば３００人ほどを収容できるスペースだった。

11月下旬には、ブルーノート東京店がオープン。

それから5カ月後の、１９８９年4月27日、阪神電鉄もブルーノートと正式にライセンス契約を結び、いよいよ私のサラリーマン人生は急カーブで音楽業界に入っていくことになる。

商社を諦めて電鉄会社に入る

私は、山崎がブルーノートの事業計画書を提出した4年前の１９８４年に、阪神電鉄に入社した。

しかし、阪神電鉄は私にとって第一志望の会社ではなかった。

商社に入るつもりだったが、父親から思わぬ反対を受けた。父親は私の性格からして、海外に赴任したら、それっきり戻らないだろうと考えたのだ。実際、親戚にも戻らなくなった若者がいた。

「おまえ、地元の会社に入れ」と父親に言われ、沿線で馴染みのある南海電鉄を受けてみた。ろくな就職活動もしていなかったが、コネもあり入れるだろうとたかをくくっていたが、結果は不合格。慌てて阪神電鉄に電話してみると、面接に来いと言ってもらえた。

人事担当の面接官から、「で、君はこの会社に入って何がしたいんだね？」と尋ねられ、「行くところがなく受けに来ました」とも言えずに、はて、と考えた。すると、以前に甲子園球場で行なわれた「カリフォルニア・ライブ」に行ったことを思い出した。

ジェームス・テイラー[*1]（James Taylor）、リンダ・ロンシュタット[*2]（Linda Ronstadt）、JDサウザー[*3]（John David Souther）などが出演していたのだ。それで、甲子園球場なら阪神電鉄がらみで問題ないと思い、「甲子園球場でイベントをやりたいんです」と答えていた。

その夜、「明日も来い。役員面接を行なうから」と連絡が入り、そのスピード感に戸惑いながらも翌日の役員面接を受けた。だめかな、と思ったが、何とか入社することができた。最初の面接官は岡本交右先輩だったが、私にチャンスを与えてくれたことに心から感謝している。

ちなみに、当時の私は入社のきっかけともなった「カリフォルニア・ライブ」に登場したJDサウザーと、まさか後に仕事で会うことになるとは思ってもいなかった。そして、今でも交流が続いている。

「ボクが今の仕事に就いているのは、キミがきっかけだったんだよ」と言えば、きっとサウザーは不思議な顔をするだろう。

入社した私が最初に配属されたのは、「甲子園阪神パーク」だった。子ども向けの遊園地で動物園やジェットコースターや観覧車などの遊戯設備、そしてプールとスケート場も備わっていた。2003年3月に閉園しているので今はなくなってしまったが、跡地には「ららぽーと甲子園」が開業している。

本社での新入社員研修後、遊園地の正式な業務に入る前の現場研修は長かった。

最初に会社からは、「君の業務内容はイベントや営業企画だ」と言われていたが動物係でゾウやペンギン舎の掃除、遊戯係で遊具の運転、とイベントや営業企画の仕事とは程遠いものだった。そして施設係で芝刈りをしていた時に自身の中で会社を辞めたい気持ちが頂点に達していた。

「同期は本社で涼しい顔をして仕事をしているのに、なんで私が汗まみれになってこんな仕事をしなきゃいけないんだ！」

我慢ができなくなって上司に退職を相談したところ、「俺を信用して1年我慢しろ」と言う。

その後、プールやスケート場の現場責任者をしながら、広報、営業企画、プールやイベント館での大規模イベント、遊具などの投資や遊園地の予算作成・管理等々、後のブルーノート事業で役立った基礎の勉強をした。

その後、退職を相談した上司から、最初の業務として営業企画を正式に担当するように命じられた。ここでいう営業企画とは、「甲子園阪神パーク」に幼稚園児たちの遠足を誘致することだ。

当時の阪神パークは集客人員が伸び悩み、社員の士気も落ちていた。そこで、上司とともに遊具、動物、施設、管理社員混合の営業チームを作り、営業に行く戦略を組んだ。自分たちが営業した幼稚園の子どもたちが遠足で来てくれると、とても嬉しいものだ。

それまでは無表情で掃除をしていた人たちも、営業を体験してからは、遠足に来た子どもたちを皆で出迎えてお礼を言うといった行動に繋がり、現場の活性化に役立った。

その各部門混合の営業チーム体制はその後も続き、関西一円の幼稚園の遠足ニーズをデータ化、営業の効率化を図った。イベント企画の業務では、新しい企画としてカナダや全国の人形劇団と組んで「全国人形劇フェスティバル」を実施したり、NHKとジョイントして同放送局の幼児向け番組『おかあさんといっしょ』に登場する着ぐるみの人形劇である『にこにこぷん』を持ち込んだり、産経新聞と組んで『インダス文明とモヘンジョダロ展』なども行なった。この展覧会は、モヘンジョダロの遺跡を持ち込むという大がかりなイベントだった。

「甲子園阪神パーク」で最も記憶に残っているのは、レオポンの最後の1頭が死亡した時の広報業務である。

レオポンとはヒョウの「甲子雄《かねお》」を父親、ライオンの「園子《そのこ》」を母親として1959年に2頭、1961年に3頭の兄弟が誕生した雑種である。現在よくある人工授精ではなく、ライオンとヒョウが愛し合い？生まれた5頭の最後の1頭の「ジョニー」が死亡した。広報担当である私は地元の新聞社やテレビ局へリリースしただけなのに、世界各国のマスコミや動物学者などからあらゆる言語で電話があり、対応に苦労した。閉園後、「レオ吉」と「ポン子」の標本は天王寺動物園、「チェリー」と「ディジー」は国立科学博物館にそれぞれ引き取られ、最後の1頭の「ジョニー」だけは西宮市の管理となり、市営リゾート施設の「リゾ鳴尾浜」で今も展示されている。

いま考えると、この遊園地業務でBtoC向けの事業（営業、広報・宣伝、商品作り等）を一通り学んだことが後に役立った。ニーズは現場にあり、具体的で説得力のある戦略を作るためにも誰よりも現場主義であれ、業績を上げることができるチームは参加意識が醸成されたチームである、ということも学ばせてもらった。あの時辞めなくて良かったと、しみじみ思う。

二流で一番になる

私の人生のモットーは、「二流で一番になること」だ。

勉強があまり好きでなかった自分への言い訳でもある。最近、大学で講義をすることが何度かあったのだが、一流でないと思っている学生には受けるようで、この言葉で夢を持てたとのメールが講義後にくることが多い。

話をもとに戻そう。私は遊園地勤務時に結婚している。直属の上司に仲人を依頼したところ、事業部長の山崎に話が行ってしまった。山崎は初めての仲人ということもあり、熱心に対応してくれた。ある日の夜遅く、山崎から電話があった。「明日の朝本社に来い」と言う。どうやら異動の辞令を私の直属の上司に言い忘れていたらしく、翌日から本社の事業部事業課に転属となった。

その頃、山崎は神戸市からブルーノート事業開始のきっかけとなる六甲アイランド土地取得コンペの情報を得ていたのかもしれないが、今となっては知る由もない。

やがて、私が事業課にいた頃に知り合った友人に、ビジネスサロンのようなものを一緒に始めないかと誘われる。名称は「ヒューマンポートフォリューシステム研究所（以下HPS研究所という）」と名付けられた。最初は5人ほどの集まりだったが、経営者と優秀な人材の出会いの場を作れないだろうかという主旨で活動を開始した。

参加者の中には松下政経塾生もいて、知名度のある経営者らをよく連れて来た。こうして私たちは、優秀なビジネスマンのネットワークを作り始めた。ただ、プライベートな活動だったため、活動経費などにかなりお金を使った記憶がある。

実はこのHPS研究所に誘ってくれたのは、六甲アイランドのコンペを勝ち取ったコンペティターの一人で、当時、西武百貨店関西の営業企画に在籍するひとつ下の人物であった。六甲アイランドコンペが終わった後、彼から「ランチでもしないか？」と連絡が来たので会ってみると舌を巻くほどの優秀さ。当時の西武は飛ぶ鳥を落とす勢いで、彼のような逸材も豊富だった。

つまり、私は本社に転属して山崎率いるコンペーチームに加わったのだが、いきなりこのような強敵に敗北したのだ。やはり、自分は二流だと痛感した。

ただ、その後、ブルーノートの大阪店を立ち上げることは続行となり、そして1990年、いよいよ大阪ブルーノートがオープンすることになる。このころからニューヨークのブルーノートと現地での交渉の要となっていた企画調査室係長だった住田は、健康状態が優れずに前線を離れていった。
そして、私は山崎から「ブルーノートはキミがトップでやれ」と厳命されたのだった。

出世以外の道はある

山崎に「ブルーノートを任せる」と言われた途端、私は「できません」と答えてしまった。動物園や遊園地でのイベント経験はあるものの、本場ニューヨークから持ち込むジャズクラブの運営などしたことがない。音楽、特に洋楽は好きだったが、お酒も飲めない私はジャズクラブに出入りするような習慣は持っていなかった。加えて、事業部に転属される少し前に結婚をしていたため、ナイトクラブなど夜の町を遊び廻るお金もない。

ところで、本社へ異動後、私は妻と15日間ほどアメリカ旅行をした。1988年のことで、山崎には知見を広げるとかいって休暇をもらった。この時、ニューヨークで演奏活動をしていたジャズピアニストの小曽根真《おぞねまこと》に頼んで記念写真を撮らせてもらった。彼は1983年にバークリー音楽大学のジャズ作・編曲科を首席で卒業し、日本人で初めて米CBSとレコード専属契約を結んだジャズピアニストだ。その記念写真だが、奇しくもブルーノートで撮影していたのである。

まだブルーノート大阪店の影も形もない頃だったので、この写真を見ると不思議な気持ちになる。彼とは当社のクラブへの出演だけでなく、神戸市主催のアーバンリゾートイベントや彼がDJを務めていたFM番組でのプロモーション協力など深い交流をしてきた。最近、この時の思い出話をしたついでに、約30数年ぶりに彼と写真を撮った。その写真を彼がFacebookにアップしたところ、二人の変わりようがたいそうな反響を呼んだらしい。

ブルーノート大阪店の企画を立てている最中は、音楽を楽しむためのアイディア出しを

小曽根真と私（左：現在、右：若い時）

していたので、私は楽しみながら仕事をしていた。しかし、刻一刻と開業が近づくにつれて慌て出した。

一方、HPS研究所のサロン活動は山崎から許可を得たこともあり、活発化していた。ここでは政治、経済、芸術といろんな方向で自分の夢を実現しようとする人物、財界や政界の大物と出会った。詳しくは後述するが、そんな中で私は会社員でも自分の好きな生き方ができるのではないだろうか、という感覚が芽生えてきた時期でもあった。サロン活動の出費でたまに妻の嫌味もあったが快く活動を応援してくれた。

この時期に学んだ三つのことがある。

一つ目は、「優良なネットワークの作り方」。

新入社員にこの話をすると、必ず返ってくるのが異業種交流会という言葉。否定はしないが私の答えはもっと簡単。優良なネットワークを持っている人と信頼関係のある友人になり、自分のネットワークにするのが最もてっとり早いと思う。但し、自分よりも地位の高い人との付き合いはそう簡単ではないが、肝心なのは情報を絶対に止めないこと。つまり、頼まれごとは絶対に断らず、一生懸命に解決しようとすることで、結果としてダメでも信頼関係は構築されるということだ。

二つ目は、「事業を創ることができる能力」。

これは、「外部の人脈を作る能力」、「提携先を見つけてきて交渉できる能力」、「企画・開発したサービスや製品を売ってくる営業力」ということだ。これらは、会社の業務をこなすだけでは駄目で、アフター・ファイブの使い方がポイントになる。例えば、新鮮で有益な情報を〝点〟とすれば、〝点〟の情報がネットワークを結ぶことで〝線〟になるとビジネスモデルができる。ビジネスモデルに知り合いの登場人物が入ると、事業の仮説ができ実現性のある企画書ができる。一言でいうと、事業創造はその人の生活の中からでき上がるもので、新規事業を創れる日常生活を送っている人が事業を構築できるのだ。


三つ目は、「会社には出世以外の道もあると考えること」。

与えられた業務を粛々と遂行し出世をめざすのは、サラリーマンとしてはまっとうな生き方と思う。

しかし、出世は運が大きな割合を占める。なので、それ以外の生き方もあると考えてみることも大事。「自分がやりたかった仕事や事業を、会社の許可を得てやり続ける」という生き方はリスクがあるのでサラリーマンの本流からは外れているかも知れない。新規事業は失敗する確率が高いが、サラリーマンとして好きな道で食べていけるのであれば高揚感のある生き方ができるのではないか。それならば、やってみたい――と私は思ったのである。

大人の遊び場に相応しい空間を探せ

私は、ブルーノート大阪店に相応しい場所を、ＨＰＳ研究所のネットワークを使って一生懸命探した。そして、前述のように大阪市北区曾根崎新地のＡＸビルに決定した。同時に、ブルーノート大阪店は、阪神電鉄が子会社を作り、株式会社阪神ブルーノートとして独立した会社組織になった。

なお、本書ではこれ以降、会社を示すときには「阪神ブルーノート」と呼び、店舗を示すときは「大阪ブルーノート」と使い分ける。

実は、このビルをプロデュースしていた不動産関連の設計会社である株式会社コムデスの役員が、私がＨＰＳ研究所のサロンを通じて知り合ったメンバーの一人だった。この会社は今はないが、ここでもＨＰＳのネットワークが役に立った。

このビルの情報を得た私が山崎に勧めると、確かにジャズクラブ＆レストランに相応しい設備だということで話が纏まった。ただ、実際には山崎が理想としていた物件とは若干のずれがあった。山崎は、ブルーノート大阪店に相応しい空間は、官能的で寂れた雰囲気があることを条件にしていた。それこそが、都会の大人の遊び場だと考えていたのだ。「淫靡《いんび》、官能的、うらぶれた」が、山崎の合言葉であった。

しかし、私は周りの人たちにヒアリングした中で、集客の大部分はサラリーマンだから、やはりサラリーマンが来やすい場所は駅の近くのビジネス街にあり、アーバンな空間だろうと考えていたAXビルはその条件に適合したのだ。

ただ、山崎もコムデスの仕事ぶりは気に入っていた。その理由が山崎らしい。コムデ

大阪ブルーノート計画当時の店内パース

スの実績を掲載した実際の建築物のカタログを山崎に見せたところ、あるホテルを指差して言った。「これを設計した会社が扱った物件なら間違いないだろう。自分が贔屓にしているホテルだからな」と、そのホテルのライターを見せてくれた。

本来、このような出店先の物件を探すことはコンサルティング会社に依頼することが一般的だったが、山崎はコンサルタントという人種を嫌っていた。

「お客様のニーズはな、自分の肌感覚で掴むことだ」と言った。

さらに、「自分の足で現場に通わないと、その事業の課題はわからない。そして、お金は現場に落ちている！」とも。――山崎のその言葉は、今も私の大事な指針である。

会社設立時に、幹部たちで議論したことがもう一つある。それは会社名に阪神を入れるか否かという議論だった。当時の阪神電鉄は先述したとおり、大人のおしゃれな遊び場のイメージとは程遠かったため、私たちはブランドを作ってから阪神を出したかった。山崎も同意見であったが、結局、会社名は株式会社阪神ブルーノートになった。その理由はよくはわからない。

＊1　ジェームズ・テイラー（James Taylor）
1948年3月12日生まれ。米国ボストン出身。1968年にアップル・レコーズと契約・デビュー、1970年にWarner Bros. Recordsに移籍して以降、「Fire and Rain」や「You've Got a Friend」、「Carolina in My Mind」など数々の名曲を世界に届けてきた。全世界でのアルバム・セールスは1億万枚を超え、5度のグラミー賞受賞、ロックの殿堂並びにソングライターの殿堂入りも果たす。

＊2　リンダ・ロンシュタット（Linda Ronstadt）
1946年7月15日生まれ。米国アリゾナ州出身。1960年代後半にストーン・ポニーズのメンバーとして活動後、1969年にソロ・デビュー。1970年代初頭にイーグルスをバック・バンドに起用、カントリー・ロックを展開。1975年「悪いあなた」の全米№1を契機に、米国で最高の人気を誇る女性シンガーとなる。以降も、ジャズ、カントリーと音楽の幅を広げ活躍中。

＊3　JDサウザー（John David Souther）
1945年11月2日生まれ。米国ミシガン州出身。テキサスで音楽活動開始。いくつかのバンドに参加後の1968年、後にイーグルスに参加するグレン・フライとデュオでロングブランチ・ペニーホイッスルを結成。1970年にアルバムを発表するが、1971年解散。翌年ソロ・デビュー。1974年からはサウザー・ヒルマン・フューレイ・バンドで活動後、再度ソロとなる。

第2章

親の反対を押し切るほどしたいこと

「山崎に、おもちゃ買《こ》うたれ」で決まった新規事業

ブルーノート大阪店を開業するにあたり、山崎と私たちは久万社長から三つの約束をさせられた。その三つとは、「すべての業務を直営で行なうこと」、「累積経常赤字が5億円溜まったら会社を潰すこと」、「他社ビルのテナントに入ること」だった。要は、かわいい子には旅をさせろ、ということだと後から聞いたが、殺生《せっしょう》なことだと思ったものだ。

一つ目の直営で行なうこととは、マーケティングから飲食の提供、音響照明、アーティストの招聘、ブッキングなどを外注して他社に任せずに自分たちでやり、ノウハウを社内に蓄積せよとのことだ。

二つ目は、あらかじめ撤退の条件を決めておくことである。その後いろんな新規事業を立ち上げたが、これは私自身の中で必ず決めている。

そして、三つ目。本来なら阪神電鉄が持っている不動産を借りたほうがグループの相乗効果が出るが、敢えて他社ビルのテナントに入ることを強いられたということだ。

そして事業形態としても、別会社を設立することになった。

ここまで独立性を求められた事情は、当時のボードメンバーがほとんど亡くなっているため、今となっては本当のところを確認できない。当時の私は、まだ上層部の動きを把握できる立場にはなかった。

ただ、先述したとおり、社内では反対意見も相当あったらしい。それでも引かない山崎に、最終的には「山崎に、おもちゃ買《こ》うたれ、好きにさしたれや」という、社長の鶴の一声で趨勢が決まったとも聞いていた。失敗しても本業の屋台骨までは傾かない、ということだったのかもしれない。

これは想像だが、山崎の押しの強さや、風呂敷の広げ方は特別だったようだ。というのも、当時阪神電鉄でボードメンバー（役員）になれたのは、ほとんどが京大出身のプロパーで、山崎は岐阜大出身でしかも中途採用だったからだ。

そんな中途採用の役員がぶち上げた新規事業、しかもジャズクラブ&レストランという新しいジャンルの事業計画が承諾されたのは、山崎のそれまでの実績が「石橋をたたいても渡らない」と言われていた阪神電鉄に期待形成システムをもたらすものだ、と一部のボードメンバーに認められていたからだったのだろう。

これも教訓の一つだが、阪神電鉄のような上場企業では、新規事業を始めようという時、さすがにボトムアップは難しく現実味がない。つまり、ボードメンバーからのミドルボトムアップでなければ事業開始の決裁は下りないのである。

したがって、私のような下っ端の会社員が騒いでも会社は動かせなかっただろう。やはり阪神電鉄が音楽事業に進出するには、山崎のような立場の人間が腹を決めてボードメンバーを説得する必要があった。

一方、ブルーノートの店内のレイアウトなどは、テーブルの寸法から並べ方まで、ニューヨークのブルーノートからゼネラルマネージャーが来日し、細かな指示とチェックが行なわれた。

ブルーノートの名を使う以上は、日本といえども名前にふさわしい店でなければならないし、彼らの成功体験が厳しい制約を我々に課すことになった。彼らの企業としての規模

ハドソン湾でヨットに乗る東京、大阪、福岡のブルーノート3GM

は、日本でいうところの中小企業だった。

ただ、創業者は儲けたお金で不動産を所有し、ブルックリンに豪邸を建ててヨットを所有するなど、かなりの資産家になっていた。

後述するが、ここからがブルーノートとの反目の始まりで、アメリカにおけるエンタメ業界事業者との付き合い方を勉強させられることになった。彼らは、日本での成功を皮切りに、イタリアと中国の北京にも進出している。

おまえは水商売をやるために阪神電鉄に入ったのか

阪神ブルーノートの幹部になったことで、経営の仕事を勉強したいと考えていた私は、若くしてかなり理想に近い事業を任されたことになった。ところが、これに反対する声が上がった。

またしても私の父親だった。

「おまえは水商売をやるために阪神電鉄に入ったのか。ナイトクラブを経営させるような会社は辞めろ」と言う。そして、「俺が公務員の口を手配してやる」とまで言った。実家のある地区の歴史は古く、父親は村の長《おさ》を自称するほどのうるさ型。大阪ブルーノートがオープンする場所の印象も最悪だった。北新地は大阪北を代表する歓楽街だ。高級飲食店も並ぶが、怪しげな店もある。そのようなところで息子が働くとは何事だ、というわけだ。

商社への入社を反対された時は父親の意向に従った私だったが、さすがに今回は従わなかった。私は本当に自分のやりたい仕事を見つけていたからだ。

その頃、人事部の新人社員が尋ねてきた。私より四つほど後輩らしい。「ブルーノートの事業ってどんなことをするんですか？　私も参加してみたいんです」。名は小菅亭太《こすがりょうた》といった。聞けば神戸大出身で１９８８年に入社したばかりで人事部に配属されており、こんな奴が来てくれたらと思いながら話を聞いた。どこかで自分の会社が音楽をやるらしい、と聞きつけてきたようだが、新入社員なのにその行動力に驚いた。

話してみると、とにかく音楽好きな男だった。小菅は中学からギターを始めて、高校時代はロックのコピーバンドで演奏している。大学では、いつも楽器を持って歩いていると言われるような学生だったという。山崎に話を通し、小菅もブルーノート事業の一員になったが、一流から二流に引っ張り込んだことを申し訳なく思うこともある。

本稿を書くにあたり、改めてブルーノート開業時の話を小菅に聞いてみた。

とにかく、あまり考えずに立ち上げることだけを考えて突っ走ったそうだ。しかし、開業時に、このクオリティーの音楽がこのサイズで聴けるというのは他にないという直感があり、絶対に成功すると確信をしたらしい。

その後は私と小菅の二個一でこの事業を立ち上げることになるのだが、その緻密な頭脳に私はずいぶん助けられ、彼がいないとこの事業は立ち上がっていなかっただろうと確信する。

音楽が好きだったからこそできた仕事

小菅は現在、当社専務取締役で音楽事業のトップとなっているが、阪神電鉄に入社したのは、特にやりたいことがなかったからだという。どこかで聴いたような話だな、と思う。

「学生時代はモラトリアムでしたね。絶対にこれをやって生きていくぞ、っていうことを見つけられずにいましたから。それで、一つの業種に決めなくてもとりあえずいろいろできそうだ、ということで鉄道以外にも、レジャー事業や都市開発までしているような阪神電鉄がいいいんじゃないかと」

当時は、今の学生のように就職情報が溢れているような時代ではなかった。そのため、私鉄以外に、幅広い事業を展開をしている企業が思いつかなかったのだ。

「1988年は売り手市場でしたね。銀行などからもバンバン電話がかかってきました。

で、興味ありませんって電話を切ると、父親から『どこからの電話だ?』と聞かれる。銀行からだ、と答えたら、『お前はあほか。面接くらい受けろ』と言われました」と。銀行への就職希望者が多い今の学生には、考えられないような対応だ。

そして、話は大阪ブルーノートのオープン時のことになった。オープン初のアーティストは、ジョージ・ベンソン(George Benson)。彼がリハーサルで演奏しているのを見た小菅は、「目の前でジョージ・ベンソンが演奏しているんですよ!」と興奮していた。

小菅は自らギターを嗜んでいたため、一層興奮したであろうことは容易に想像できる。いや、私にしても興奮したのだ。私自身、フルバンドでドラムを叩いていた経験がある。だから、プロの演奏を生で見ることの醍醐味はよく理解できた。特にクラブ&レストランという、空間で聴く生演奏は格別だった。

このように、大阪ブルーノートを立ち上げたメンバー一人ひとりが大の音楽好きであったことは、事業の運営にとってとても有効だった。小菅は言う。

「私たち立ち上げメンバーは、決して音楽業界の人間ではありませんでしたし、ライブの運営経験もありませんでした。ただ、音楽が好きだということが支えでした。

例えば、機材のメーカーや型番で話ができる。ディレイとリバーブの違いを理解できる。このようなことが、つい1年前まではただの大学生だったり電鉄会社の社員でしかなかったにもかかわらず、海外の一流アーティストと仕事ができた理由になったと思います」

音響関係と照明関係も当初は自前だったが、その後、専門の業者にアウトソースした。また、機材関係も常設していたのは最低限のものだけに絞っていた。とにかく何もかもが手探りだった。例えば、飲食店の設備に関するノウハウであれば阪神電鉄内には多少はあったのでそれらの資料をコピーして集めたが、その奥に演奏会場としての音響設備や照明設備を備えるノウハウはなかった。

「手探りでやっているうちに、当初見込んでいた予算を超えてしまいましたね。今からあの当時に戻れたら、この事業を始めるのは止めたほうがいいってアドバイスするかもしれない」と小菅は笑い、次のように言葉をつないだ。

「1990年代という『時代』だからできた。昭和生まれの人たちが集まっていたから突っ走れた。そういうことだったんじゃないですかね」

ジョージ・ベンソンかマイルス・デイヴィスか、マンハッタン・トランスファーか

大阪ブルーノートの開店準備にあたり、ブルーノート開業準備室が設置された。メンバーは、私の他に小菅と大阪ジャズファミリーから転籍してきた黒須敏貴だった。

大阪ジャズファミリーは、阪神電鉄がニューヨークのブルーノートとライセンス契約を締結後、発展的解消をしている。そのため、黒須をはじめ大阪ジャズファミリーの社員が何人か阪神ブルーノートに転籍したのである。

そして、この頃から本格的にニューヨークのブルーノートと店のコンセプトや出演者についての打ち合わせが始まった。私と小菅は、ニューヨークのブルーノート関係者やアメリカのアーティストと仕事をすることに備え、1989年の6月から英会話教室に通い始めたが、業務が多忙を極めそれどころではなくなり、尻切れトンボになってしまった。英語能力は、未熟なまま今に至っている。

さらに、私も他の二人もジャズクラブ&レストランの運営については素人だったため、事業の構築のためのマーケティングや運営手法の教授などはHPS研究所の人脈に頼らざるを

得なかった。また、飲食業務の運営を受託していたサムシング・モアやディスコのプロデューサーのPオフィス、読売テレビ、毎日放送、毎日新聞、吉本興業、関西テレビ、アメリカ領事館、オール関西、FM大阪などからブレーンとして参加者を得た。これら各界の参加者らとともに、店のコンセプトや日本に招聘するアーティストの決め方などを協議していったのである。

開業ポスターのコピーは、「有名な夜、ブルーノート」。

このコピーは、今でも私のお気に入りだ。

とはいえ、アーティストとの交渉の仕方も、ギャランティーの相場もわからない。そこで、初めの頃はニューヨークのブルーノートにアーティストの仲介を行なってもらっていたが、いかんせんロイヤルティが高く付いた。それでも、さすがに本場のブルーノートの口利きのおかげで開業早々、ジョージ・ベンソンを呼ぶことができたのは、本当にラッキーだった。

この時は、ジョージ・ベンソンの他にマイルス・デイヴィス（Miles Davis）やマンハッタン・トランスファー（The Manhattan Transfer）という大物が候補に挙がっていたが、ジャジーなイメージを守りながらできるだけ顧客の裾野を広げ、大阪の大人の遊び場というブランドを創るために、ややポップなジョージ・ベンソンに決まったと記憶している。

マイルス・デイヴィスについては、体調が良くないという噂もあった。ブルーノートのライセンス契約締結のために行ったニューヨークで、山崎と私は「インディゴブルー」でその素晴らしい演奏を聞いていたので、日本にも呼べるだろうと考えていたが、彼は大阪ブルーノートが開業した2カ月後に亡くなった。噂は本当だったのである。

赤字続きのスタート

大阪ブルーノートは、1990年7月のオープンに向けて急ピッチで開業準備が進ん

大阪ブルーノート開業ポスター「有名な夜」

でいた。前年の11月頃からアーティストのブッキングがスタートし、12月頃からレストランや音響設備の準備が始まった。通訳の派遣スタッフも増えて、アメリカとのやりとりが頻繁になった。そして、１９９０年3月には、内装工事がスタート。とにかくアメリカの本格的なミュージック・エンタテインメントを大阪に持ち込むのだという意気込みで、めまぐるしく月日が過ぎ、労働環境の改善が声高に叫ばれる今では考えられないが、私も泊まり込みが続き、帰宅できない日が多くなっていた。

ところが、いざ開業してみると、アーティストの集客数の読み違いや（当時は1週間に1アーティスト）、アーティストのギャラや交通・宿泊費などがかさみ、収益を上げられないという現実が待っていた。

ジョージ・ベンソンのチケットは10日間すべて売り切れたが、その後[1]ディジー・ガレスピー（Dizzy Gillespie）、[2]ルー・ロウルズ（Lou Rawls）、[3]タニア・マリア（Tania Maria）、[4]ジョン・マクラフリン（John McLaughlin）、[5]トニー・ベネット（Tony Bennett）、[6]モダン・ジャズ・カルテット（Modern Jazz Quartet）〈ＭＪＱ〉と、そうそうたるアーティストが軒並み一週間で数百万円から数千万円の赤字となった。

フュージョン系の超ビッグアーティストである[7]ラリー・カールトン（Larry Carlton）、マイルス・デイヴィスのパートナーであった[8]ハービー・ハンコック（Herbie Hancock）はさすがに利益を出すことができたが、大きな赤字は累積され続けた。

開業後、山崎と一緒に電鉄本社社長の久万に報告する機会があったが、私は、大きな赤字の累積を叱責されるのではと、こわごわ社長室に入った。なにせ、許されていた5億円の赤字のうち2億円を1年で使ってしまったのだ。

しかし、久万は赤字のことは一切触れず、売上を上げるにはお客様のニーズを拾い続けること、上質なライブを関西の音楽ファンに届けるという理念を貫くこと、お客様から彼に届いている応援する声やこの事業で全国制覇することを夢として期待していることを告げ、我々を勇気づけてくれたばかりか、データを集めたPDCAの方法を面白いと喜んでくれた。

最後に、ニコッと笑いながら、公演がない日曜日は赤字の心配をする必要がないので気が休まるだろうとジョークで笑わせてくれた。ちなみに、当時は1アーティストが6日間公演で日曜日は他クラブへの移動日でクラブは休店日だった。

システムダウンで飲食代を回収できないトラブル

株式会社阪神ブルーノートは、バブル期でありながら開業8カ月で大きな営業損失を計上してしまった。

売上だけではない。失敗は現場でも起きていた。幹部の人選が適材適所となっていなかったことや、各人の経験不足のため、開業初日からトラブルが発生してしまっていたのだ。

通常のレストランやバーであれば、お客様はばらけて入店してくる。ところが、ライブハウスとなると、開演時刻に合わせて短時間の中でお客様は集中して来店する。そのため、レストランのオーダーシステムの負荷が大きくなってしまい停止するという問題が発生した。何と、飲食代を徴収することができなくなってしまったのである。

ジョージ・ベンソンの演奏を聴きに来られたお客様の場合は、入場料のみをいただき、飲食代は取らずに帰っていただくことになった。システムが停止したために、どのお客様が何を飲食したのかがわからなくなってしまったからだった。今では考えられないような、初歩的なトラブルである。復旧に何日を要したのか忘れてしまったが、システムメーカーにはそれなりの補償をしてもらった。

それ以上に辛かったのが、オペレーションの不慣れのために夏の暑い中、道路に入店のために長蛇の列ができ、お客様から毎日クレームの嵐が起こった。その時も山崎は電鉄の取締役にもかかわらず、先頭を切って謝ってくれた。その横で私は、リーダーたる器と姿勢をこれでもかと勉強することになった。

大阪ブルーノート

初年度の経常損失は2億円近く、資本金は8000万円で、あまりにも速やかに資金がなくなっていくため、個人会員100人と法人会員を本社とともに300社集め、預託金数億円を資金繰りに回すなど自転車操業が続くことになった。

幸い阪神本社はお金を貸してくれたが、この事業を自分のリスクで行なっていたら必ず潰れていたと思う。考えるだけでもゾッとする。

リスクの高さゆえに、いくつかの会社が同様のジャズクラブをブルーノートのあと開業させたが、ほとんどの店舗はすぐに撤退をしている。良し悪しは別としてこのリスクの高さが参入障壁になったのは皮肉なものである。

大阪ブルーノートの開業以降、業界の中でいろんな事業の立ち上がりを見てきたが、私たちのような企業内企業は、起業家集団にはまともに渡り合っては勝てないことを自覚した。また、自分たちが勝てるビジネスやフィールドはどこかを冷静に考えるようになれた。そして、会社組織の一員として自社の既存事業の時間感覚と新規事業が合っているか、時間軸が合わない場合は別組織にするということも学んだ。

それでも3年目に入ると、やっとのことで単年度経常黒字を出し始めるのだが、債務超過の状態は続いた。このようにして、私は嫌でも経営者としての経験を積んでいくことになったのである。

横展開のアーティスト販売事業でコストを分散する

大阪ブルーノートでは、どのアーティストを招聘するかについては、私が決めていた。アーティストを選ぶ際に参考にしていたのが、アメリカのビルボード[*9]のチャートだった。当時、日本でも洋楽が全盛の時代、アメリカのチャートで上位にランキングされたアーティストは、だいたい日本でも流行っていると考えていたからだ。

また、「ぴあ」や「プレイガイドジャーナル」などのバックナンバーを取り寄せ、これらを参考資料に手作りの興行記録を作成した。アーティストがいつ来日して、どこで公演したかがわかる資料である。エージェント[*10]ロスターというものを見ると、どのエージェントがどのアーティストを抱えているのかもわかる。ある程度アーティストが決まったらレコード会社に連絡を取り、近々CDリリースがあるかどうかなどを確認する。もしリリース予定があれば、公演の前後でプロモーションを許可することで航空運賃の3分の1をレコード会社に持てないかといった交渉をする。

レコード会社が渋くなった今では考えられないが、当時はまだそのような交渉の余地が残されていた。

もちろん、ニューヨークのブルーノートからジャズのアーティストが紹介されることも多かったが、私が「誰？」と首をかしげた段階で断っていた。

私は学生時代からジャズやフュージョンが好きで、ディスコにもよく遊びに行っていたが、マニアックには音楽を聞いていなかった。私が知っているということは巷でも聴かれていたのでマーケットが大きく集客ができるのではとの自信ができ始めていた。私が知らないようなアーティストでは、大阪のマーケットは小さいと判断した。満席にすることはまず期待できない。また、その頃の私たちのプロモーション能力にも限界があった。

しかも、入場料もそれほど高額には設定していなかったため、やはり席が埋まらないと利益が出せない。

オープニングアクトとなったジョージ・ベンソンの入場料が1万2000円ほどだったと記憶しているが、その金額で目の前の至近距離でジョージ・ベンソンがプレイしているのは信じられないほどお得だと言うお客様が多かった。まさしくこの言葉がお客様の当店に対する一番のニーズなのだが、エンタメはどんなに素晴らしいアーティストでも、興味がなければ招待券をもらっても行かないという悲しい現実がある。

少しでもお客様を増やすためには、そのようなインパクトを利用し、せめてジャンルが合えば来店してくれるような来店動機でお客様を作る必要がある。そのためには、できるだけ入場料を安くしないとならない。そのようなお得感を維持するために、できるだけ一度の来日で複数場所で公演を行なえる仕組みを作り、来日アーティストの旅費などのコストを分散する必要があった。

経営状況が悪かったため、大阪ブルーノートでは、ジャズ以外のアーティストを呼ぶことが増えていった。このため、ブルーノート東京との共同招聘のアーティストが減らざるを得なかった。そこで、渋谷のライブハウスや新宿の東京厚生年金会館、さらに、札幌のホテルのディナーショー、南は沖縄の米軍基地までのネットワークを作り、私たちが呼んだアーティストを受け入れてくれる協力会社を見つけることができるようになった。何よりもネットワークづくりは大変な作業だったが、このブッキングとスケジュールの調整はさらに困難を極めるものだった。

当時はまだ、インターネットなどのクラウドサービスを利用するなどといった時代ではない。主にファックスを使って会場の担当者と連絡を取り合っていた。

ファックスを使った理由は、電話では思い違いが生じるからだ。そのように直接連絡を取り合いながらブッキングしていると、そのうちに会場とアーティストの相性がわかってくる。例えば、ロバータ・フラック（Roberta Flack）なら名古屋のボトムラインと福岡のブルーノート、札幌のキョードー札幌ならブッキングできるな、といった読みができるようになってくる。そして、このくらいのブッキングをしておけば採算が取れるな、といった勘所が掴めるようになっていった。その頃の私は、30代半ば。すでに店舗の運営は総支配人に任せていたが、横展開が必要なブッキングだけは自分の役目と心得ていた。

福岡ブルーノートと名古屋ブルーノート

ここで、「福岡ブルーノート」と「名古屋ブルーノート」について触れておきたい。

福岡ブルーノートは、元々は地元の老舗百貨店「岩田屋」が1990年に「ブルーノート福岡」としてオープンしたものだ。私たちは岩田屋から委託されてアーティストの招聘業務を行なっていたため、当初からお付き合いがあった。ところが、岩田屋の本業が経営悪化に陥ったため、ブルーノート福岡を閉店することが決められてしまった。すると、地元のブルーノートファンから、閉店しないで欲しいという声が多く上がった。

そこで岩田屋は、私たち阪神ブルーノートに事業を「引き継いでもらえないか」と打診してきたのだ。私たちとしても、ブルーノート福岡が閉店してしまうと招聘したアーティストのツアー規模が小さくなり、招聘コストを分散できなくなることは不利だと考えていた。

既に営業している物件があるので、投資額は少なくて済む。

これならいけるのではないか、そんなやる気先行の福岡進出であったが、今思えばもっと緻密に福岡の市場を調査すれば良かったと反省している。

結果、名称を「福岡ブルーノート」として私たちが引き継ぐことにし、現ビルボードライブ東京・大阪総支配人の松峯真一、金本日出輝など数人を大阪から転勤させ、2000年から経営を始めた。

しかし、ライセンサーとの契約更新がうまく行かず、2005年で一旦閉店せざるを得なくなった。その後はソウルバードのブランドで貸館営業を継続し、2007年に改めて、ビルボードライブ福岡として開業、地元密着でいろんな施策を実行したがどうしても経営がうまく行かず2009年に撤退を余儀なくされた。

この規模のライブハウス経営には市場が小さすぎたということが表向きの理由になったものの、本心では出店時の私の経営判断の甘さと言わざるを得ない。涙をのんで解雇した社員

ビルボードライブ福岡

はもとより、事業の継続を模索して下さった西鉄、福岡地所など地元の方々……博多の人々の温かい心に触れる日々だった。今も私は、博多が大好きだ。

そして、私は事業をクローズするのは開始するよりも10倍もの労力がかかることを、身にしみて経験したのである。

名古屋ブルーノートは、株式会社ダイテックという設備系のCAD等を制作・販売している企業とのジョイントベンチャーであった。ダイテックのオーナーは音楽が大好きで、栄に買ったビルの地下で名古屋でグローバル・スタンダードな音楽を発信できるライブハウスを作りたいと考えていた。その情報が、大阪ブルーノートのお客様で当社スタッフ大門慶太の友人である名古屋のテレビ局社員経由で私の耳に入った。

そこで、私たちがブルーノートの運営ノウハウを提供し、一緒に名古屋ブルーノートを運営する会社を作ることになったのである。出資比率はダイテックが90%で、阪神コンテンツリンクが10%とし、阪神電鉄社内ではリスクがないことを強調して決裁を通した。そして、松峯などが阪神コンテンツリンクから名古屋ブルーノートの運営会社に出向し、店の従業員手配からブッキングとプロモーションなどを担当することになった。

見ず知らずの土地での事業の立ち上げで彼らには苦労をかけたが、その後、当社がブランドをビルボードに変更する時に5年間事業を守り続け、当社に復職してくれた。

また、株式会社ダイテックの堀誠取締役会長、堀誠一郎代表取締役社長には名古屋流？の経営手法を勉強させていただいた。システム会社である強みを活かしオペレーションとシステムを毎日改良し事業収支をあわせていくことなど、その管理・経営手法は、これまた私には到底真似のできないスキルで、ビルボードへのブランドチェンジはなかったが、一緒に会社を経営した5年間でたくさんのことを学ばせていただき心から感謝している。

この時は既に後述する坂本大が私のブッキング業務をアシストしている。このようにして大阪ブルーノートが招聘するアーティストについては、大阪と名古屋、福岡でツアーを組むことが可能になった。アーティストにとっては一度の来日でより多くの仕事を受けられることになり、バジェットも増えることになるため、ブッキングがしやすくなったのだ。

東京の箱を借りる

大阪ブルーノートと福岡ブルーノート、そして名古屋ブルーノートは一つのパッケージとしてアーティストをブッキングすることができるようになった。

しかし、それでもアーティストの招聘コストが分散できない時は、東京のホールを借りることで賄なう方法を採った。

例えば、新宿の東京厚生年金会館などで公演を行なったのである。この事業を効率的に進めるために西新宿にオフィスを構えた。

大阪・名古屋・福岡では顧客リストが積み上がっていたが、東京では毎回一からプロモーションをしなければならなかったため、各アーティストの公演には手間がかかった。また、大阪・名古屋・福岡は自分たちの箱を使っていたので箱代の回収が容易だったが、東京ではその都度ホールを借り上げることになるため、損益分岐点が高くなり、集客できるかどうかの読みが慎重にならざるを得ない。難しい決断が何度も繰り返されたが、それでも東京という大きなマーケットへの足がかりを作っておきたいという思いがあったため、集客や為替相場のリスクを抱えながらも東京でのビジネスを続けることを私は選んだ。

自分たちで毎回手作りの公演を行なうことで、東京のマーケットを肌で感じ取れるようになり、集客やプロモーションのノウハウも蓄積し、メディアとの繋がりも強くしていくことが大切だと考え、様々な方法で実行した。また、メディアが主催者になり、コンサートのパッケージを買ってもらうというビジネスも行なった。在京のマスコミが主催し、制作は私たちが請負うのだ。

このようにして東京をツアーに含めることで、アーティスト招聘がしやすくなり、レコード会社もプロモーションを行なえるようになった。

当時のマーケットの比率をざっくりと言えば、東京が10ならば、大阪は3〜4、福岡は1くらいに見えていた。我々にとって、東京というマーケットは、まさに宝の山だった。

ジャズにこだわっていては稼げない

結局、大阪ブルーノートは開業から数年はニューヨーク側のブッキングに従ってアーティストを出演させるしかない状況が続いていた。しかし、このジャズにこだわったライ

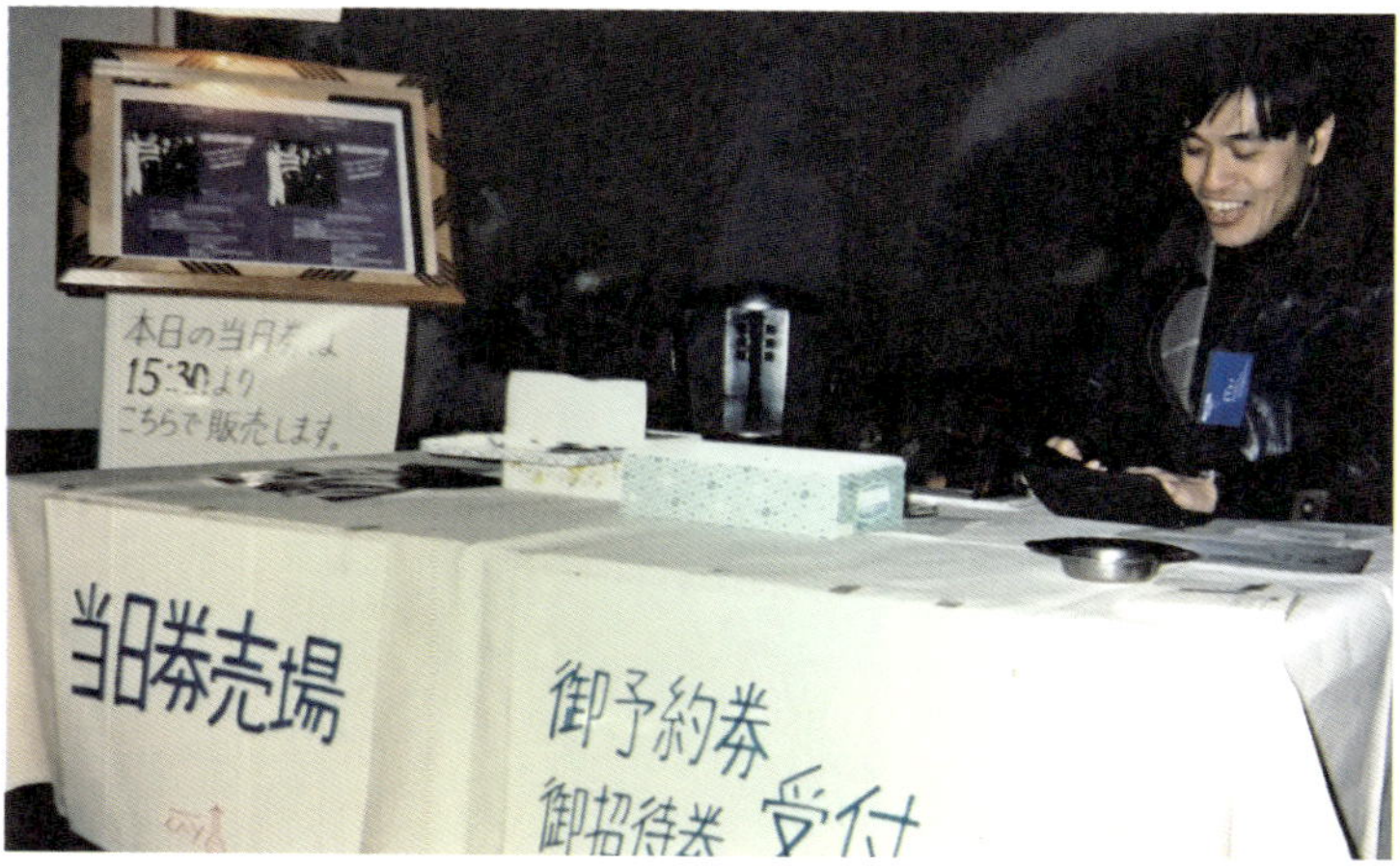

テレビ大阪と共催のオンエアーウエストでのコンサートでの受付係

ンナップでは稼げない、と考え始めることになる。

「北口さん、ジャズにこだわっていると、マーケットが狭すぎます。もっとジャンルを広げてはいかがでしょうか?」

マーケティングの責任者をしていた小菅や宣伝・広報のマネジャーの高木優子たちも同じように考えていた。ニューヨークのブルーノートの支店としてジャズクラブに徹するのではなく、大阪ブルーノートは大阪独自のブルーノートブランドを構築すべきだという新たなベクトルが形づくられていったのである。

そこで、もっと幅広い客層を取り込める路線への変革が始まった。

まず、グラミー賞受賞アーティスト[*11]でソウル界屈指のR&Bボーカルグループのマンハッタンズ[*12]を招聘しようということになったが、これには、ブルーノート側とかなり揉めた。

マンハッタンズは、もはやジャズではないではないか、という警告を何度か受けたが、受け入れられないのであれば、大阪ブルーノートを閉店するしかない。マンハッタンズのステージを認めるか、それとも閉店を選ぶかどちらかを選べ、と彼らを崖っ縁に立たせることで条件を勝ち取ってきた。これが、彼らとの交渉術だと我々も学ぶことになった。

交渉は難航したが、開業2年目のクリスマスからカウントダウンまでの10日間のマンハッタンズ公演にこぎつけた。

さすがにマンハッタンズの人気は高く、実に10日間の全公演が売り切れとなって社員の士気もあがった。大阪の音楽マーケットではジャズよりソウルのほうが集客力が強いことがようやくわかったという、おそまつな状況であったが、来店する客層も30代、40代と着実に拡がり、コンセプトの変更が成功したことを決定づけた。

変革は音楽のジャンルだけではなかった。それまで1アーティストの公演日数を1週間と決めてあったところを、アーティストによっては公演日数を3日に縮めてサイクルを速くした。当然、その分、招聘するアーティスト数を増やしていかなければならないので、運営側としては業務が増えてきつくなったが、公演日数を少なくすることで、アーティストが持っているマーケットに見合ったお客様の数で席を埋めることができるようになった。

例えば、ジョージ・クリントン[*13]（George Clinton）なら、ブルーノートの席を何日間満席にできるかを考えて、公演日数を決めていくのだ。こうして、アーティストのマーケットに合わせて公演日数を細かく設定するようになった。

引き続き、クール・アンド・ザ・ギャング[*14]（Kool & the Gang）、チャカ・カーン[*15]（Chaka Khan）、ザ・スリー・ディグリーズ[*16]（The Three Degrees）といった70年代80年代に一世を風靡《ふうび》したブラックソウル系のスターたちを出演させ、ついにディスコミュージックのKC&

ザ・サンシャイン・バンド（KC and the Sunshine Band）も出演させた。ピーボ・ブライソン（Peabo Bryson）、ジョディ・ワトリー（Jody Watley）、アレキサンダー・オニール（Alexander O'Neal）、シェリル・リン（Cheryl Lynn）、フィリップ・ベイリー（Philip Bailey）と出演アーティストの幅を広めつつ、クリストファー・クロス（Christopher Cross）、ジャニス・イアン（Janis Ian）、リタ・クーリッジ（Rita Coolidge）など、黒人以外のアーティストも呼び始めた。

このようにジャズの束縛を逃れると同時に、公演日数をマーケットに合わせ、ニューヨークのブルーノートの紹介から離れ、自ら少しずつブッキングを行なうようになっていた。ただ、この時期、アーティストリレーションの平野祐子には本当に苦労をかけた。私にとっては英語での交渉ができるアーティストリレーションは分身であり、無理な通訳をべそをかかせながらさせたこともある。後で登場する萬木《ゆるぎ》智子とともにアーティストリレーションのメンバーは部下ではなく、アメリカエンタメエージェントやアーティストのマネジメントに対して勇ましく戦ってくれた戦友だと私は思っている。

＊1　ディジー・ガレスピー（Dizzy Gillespie）　本名：ジョン・バークス・ガレスピー（John Birks Gillespie）
１９１７年10月21日　生まれ。１９９３年１月６日没。米国サウスカロライナ州出身。ジャズ・トランペッター。モダン・ジャ

ズ時代を切り開いたビ・バップ・ムーヴメントの立役者。エンタテインメント性にも目を向け優れた個性を発揮。キューバ音楽に傾倒し、アフロ・キューバン・ジャズも広めた。45度上向きに曲げたトランペットがトレードマーク。

＊2　ルー・ロウルズ（Lou Rawls）
1933年12月1日生まれ。2006年1月6日没。米国シカゴ出身。1961年にキャピトル・レコードからデビュー。1966年に「Love Is a Hurtin' Thing」のヒットを放ち、グラミー賞の最優秀R&Bボーカル賞を獲得。渋い低音の歌声が最大の魅力で、1971年には「A Natural Man」で再び同賞に輝き、1976年には「You'll Never Find Another Love Like Mine」のヒットも放った。

＊3　タニア・マリア（Tania Maria）
1948年5月9日生まれ。ブラジルマラニャン州サン・ルイス出身。情熱的なピアノ・プレイと強力無比なスキャットが魅力。リオで音楽活動後、1974年にパリへ進出。1980年に渡米後、数々の話題作を発表し、グラミー賞にもノミネート。「カム・ウィズ・ミー」等、数多くの名曲でクラブ・シーンからも熱い支持を集める。

＊4　ジョン・マクラフリン（John McLaughlin）
1942年1月4日生まれ。英国ヨークシャー・ドンカスター出身。ギタリスト。60年代初頭から活動を始め、1969年にマイルスの『イン・ア・サイレント・ウェイ』への参加で注目される。70年代に自己のグループ、マハビシュヌ・オーケストラを結成、インド音楽など様々な要素を取り入れた独自ジャズ・ミュージックを展開した。

＊5　トニー・ベネット（Tony Bennett）
1926年8月3日生まれ。米国ニューヨーク州出身。1950年代から1960年代にかけて「ビコーズ・オブ・ユー」、「コールド・コールド・ハート」などの世界的な大ヒットで不動の人気を築いた。グラミー賞生涯業績賞を含む15のグラミー賞を受賞。アメリカ合衆国において最高の男性ヴォーカリスト、エンターテイナーと称される存在。

＊6　モダン・ジャズ・カルテット（Modern Jazz Quartet）
米国のジャズバンド。1946年にミルト・ジャクソン（vib）がジョン・ルイス（p）、レイ・ブラウン（b）、ケニー・クラーク（ds）とカルテットを結成。1952年にブラウンの後任でパーシー・ヒース（b）が参加し、正式にモダン・ジャズ・カルテットと名称を変更。1955年クラークの後任でコニー・ケイ（ds）が加わり1974年まで活動。その後何度か再結成されたが、1994年に正式解散した。

＊7　ラリー・カールトン（Larry Carlton）
1948年3月2日生まれ。米国カリフォルニア州出身。ジャズ・フュージョンを代表するギタリスト。ジャズとロックを融合したサウンドにより強いブルース色を感じさせるギターが特徴。スティーリー・ダンをはじめとする無数のアルバムで、数多くの名演を残す名セッション・ギタリストでもある。

＊8　ハービー・ハンコック（Herbie Hancock）本名：Herbert Jeffrey Hancock
1940年4月12日生まれ。米国シカゴ出身。ジャズ・ピアニスト&アレンジャー。トランペッターのドナルド・バードに才能を認められ、1961年にニューヨークへ進出。1963年にマイルス・デイヴィスのバンドに抜擢され一躍有名になる。1970〜1980年代にはファンクやヒップホップを取り入れた独自のブラック・ミュージックを展開して話題となった。代表作は『処女航海』。

＊9　ビルボード（Billboard）
米国の芸能メディアのブランド。音楽業界誌『ビルボード』を出版し、世界的にも知名度の高い米国の音楽チャートであるBillboard Hot 100、Billboard 200などポピュラー音楽のヒットチャート（ランキング）を発表するほか、イベントの主催、テレビ番組の制作などを行なう。

＊10　エージェントロスター（agent roster）
エージェントが抱えているアーティストの名簿。

＊11　グラミー賞（Grammy Awards）
ナショナル・アカデミー・オブ・レコーディング・アーツ・アンド・サイエンス（NARAS）が主催する音楽賞。アメリカ合衆国の音楽産業において優れた作品を創り上げたクリエイターの業績を讃え、業界全体の振興と支援を目的とする賞で、今日世界で最も権威ある音楽賞のひとつ。

＊12　マンハッタンズ（The Manhattans）
コーラス・グループの宝庫＝ニュージャージーを代表するグループ。結成は60年代にさかのぼる。1976年にThe Billboard HOT 100/1位を獲得した「涙の口づけ（Kiss And Say Goodbye）」を始め、「イット・フィールズ・ソー・グッド」（1977年）、「シャイニン・スター」（1980年）などバラード・ヒットを数多く放ち、その地位を不動のものにした。

＊13　**ジョージ・クリントン**（George Clinton）
１９４１年7月22日生まれ。米国ノース・カロライナ州出身。Ｐファンクの創始者として、パーラメント、ファンカデリックを率いる他、数多くの独創的ブラック・ミュージックの基礎を築く。ジェームス・ブラウンやスライ・ストーンと共にファンクの代表的なミュージシャンとされ、ファンクを継承・発展させた功績が評価されている。

＊14　**クール・アンド・ザ・ギャング**（Kool & the Gang）
アメリカ合衆国のソウル、R&B、ファンク・バンド。１９６４年、ニュージャージー州にて、ベースのロバート・〝クール〟・ベル、キーボードのロナルド・ベルの兄弟を中心に結成された。「Hollywood Swinging」などのヒットを契機に、一躍人気ファンクバンドに。１９８０年暮れに「Celebration」（Hot100 2週連続1位、１９８１年 年間総合6位）を発表、１９８１年のソウル・チャートで6週連続1位を獲得した。

＊15　**チャカ・カーン**（Chaka Khan）
１９５３年3月23日生まれ。アメリカ合衆国イリノイ州出身。驚異的な歌唱力で１９７０‐80年代にR&Bの女王と呼ばれ、以降も精力的に活動中。様々なジャンルをこなす音楽性の幅広さで知られ、近年はジャズ歌手としても高く評価されている。１９９２年のアルバム「The Woman I Am」はグラミー賞・最優秀女性ソロR&Bアルバム賞を獲得した。

＊16　**ザ・スリー・ディグリーズ**（The Three Degrees）
１９６３年ペンシルバニア州フィラデルフィアで結成された、アメリカ合衆国の女性ボーカルグループ。１９７４年のシングル「天使のささやき」が全世界で爆発的にヒットし、シングルチャート全米2位、英国では1位、日本のオリコン洋楽シングルチャート１９７４年7月29日付で1位を獲得した。日本での人気も高く、何度も来日公演を行なっている。

Column

『山崎語録』

２０１８年10月8日、山崎登は帰らぬ人となり、翌年、「偲ぶ会」がビルボードライブ大阪で開催された。現役を引退して20年以上も経つにもかかわらず、過去に山崎にお世話になったという２５０人が集まり、故人を偲んだ。

記念品として『山崎語録』が、来場者に手渡された。この語録は、山崎が折に触れて語った言葉を纏めたもので、その膝下で働いてきた私達にとっては時に戒めであり、時に励ましの言葉であった。いろんな業界の経営者との会食時に語録を手渡すと皆さん喜んでくれるので、その一部を、ここでご紹介したい。

「男は愛と勇気とサムマネー」

山崎の部下であれば、一度ならず聞いたことがある名言。喜劇王チャップリンの「人生に必要なものは勇気と想像力、そして、ほんのちょっぴりのお金」という名言を、山崎なりにアレンジしたものだ。

男は人間として女性、子ども、老人など弱い人に対して優しく包み込むような愛を持たないといけない、また家族など大事なものは命をかけても守らないといけない。マッチマネー（たくさんのお金）を持つと人間は変わってしまう。しかし、部下に対してはお昼ご飯をおごってやることができるくらいの余裕は持っておかないといい仕事はできない。ちなみに、お前はサムマネー（ほんのちょっぴりのお金）をもたせてくれる嫁をもらっているか？

私も結婚式披露宴で、この言葉をテーマにした挨拶をさせてもらっている。

キューバ首都ハバナにあるヘミングウェイが愛したEL FLORIDITAでダイキリを飲む山崎と私

「業者にも一寸のたましい」

山崎は阪神園芸時代が長く、業者に助けられたことが多かったそうだ。業者をかえる時は過去の実績や貸し借りをしっかり考え、単に見積もりの金額だけで決して変更してはいけない……そう諭された時に出た言葉。

「問題が起きたらみんな集めて解決する」

大阪ブルーノート時代、現場で喧嘩などいろんな問題が発生した。そんな時は、一人ずつこそこそ会って調整するのではなく、関係者みんなを集めて裁定しろ……とよく言われた。

タバコをこよなく愛した山崎

「家庭が崩れていると仕事はできない」

しっかり仕事ができるのは、家族の協力があってこそ。嫁、子ども、父母等と絶えずコミュニケーションをとり、信頼関係を作って協力を得られる人物こそよく仕事ができる……サラリーマンにとって、耳に痛い言葉。

「お金を貸したら戻ってくると思うな。65億人の一人、何かの縁で仕事を一緒にする仲間。社員は家族」

社員は家族と口でいう経営者はたくさんいるが、家庭や職場の問題を身をもって扱い、時には借金の肩代わりまでしていた。一緒に働くという縁を大切にし、人心掌握に長じた素晴らしいリーダーだった。

「お前は俺を見習うな、嫁が違う」

彼一流の惚気である。良妻賢母、内助の功を絵に描いたような奥様であった。山崎はちびでハゲなのに、異常にモテた夫を陰で支えた。

「お前がここにいて現場は大丈夫か」

本社のデスクに座っていると、必ずこの言葉が出てきた。社員が働きやすい職場づくりを常に考えていた。また、「お金は現場に落ちており、ニーズを拾え」と口酸っぱく言われたことを覚えている。

「こんなことくらいで上司に伺いをたてるな、自分で決めろ」

航空運賃のシェアを増やすために、全国に顧客を増やす事業を展開する時に最初に言われた言葉。部下を信用し、裁量権を与え成長させるのが彼のやり方。私には真似ができない。

「薬瓶をさげたら引退すべし」

身の引き際について、異常なほどこだわっていた。「引き際こそ、男の美学」の発言が多かった。

「経営者が持つべき能力　智・仁・勇」

『論語』の言葉を暗記し、よく口にしていた。経営者は、智（知恵）・仁（思いやり）・勇（勇気）の「三徳」を持つべしと。「智の人は惑わず、仁の人は憂えず、勇の人は恐れない」とあり、特に仁を大切にするように言われた。

第3章

来日アーティストのハプニング

生涯で最後のステージを飾ったアート・ブレーキー（Art Blakey）

次の文章は、アート・ブレーキー[*1]を心から愛する関西のブレーキーファンが主催した「生誕100周年」の会合で、Billboard Japan CEOとして述べたお祝いの言葉である。

＊

アート・ブレーキー生誕100周年ということで、1991年来日時の備忘録を添え、アートにお祝いの言葉を述べさせていただきます。

当時の大阪ブルーノートへ彼が出演したのは1990年の8月、開業週のジョージ・ベンソン、マッコイ・タイナー（McCoy Tyner）に続く、ジャズ・メッセンジャーズを引き連れての3番目のグループでした。

ブルーノート東京で1週間のギグを終え、日曜日に大阪入りしましたが、体調がすぐれず公演キャンセルも話し合いました。しかし、本人の強い意向もあり、ステージの横に袖を作って翌日の公演に臨みましたが、1stショーが終わるころには弱々しいシンバルの4ビートしか打てず、公演終了後、袖に倒れ込んでしまいました。

救急車で市内の病院へ担ぎ込み、その後3週間の入院生活となりました。ジャボン・ジャクソン（Javon Jackson）、ブライアン・リンチ（Brian Lynch）、ジェフ・キーザー（Geoff Keezer）たちも全員病院に駆けつけ、彼を見舞うとともにアート抜きの公演の継続について、病院の廊下で話し合ったことを覚えています。

その後、息子さんが来日、彼を連れて帰国するまでジャズレジェンドではない、一人の老人としてのアートと付き合うことができたのは本当に幸せな時間でした。

彼は末期の肺がんで、肺に炎症を起こしての入院でした。痛々しい体に何度点滴を打っても熱が下がらず心配しましたが、1週間ぐらいすると体調が戻りました。お昼に何度かうどんの出前を取ることがありました。アートのお気に入りは「きざみ」とか「おかめ」でうどん屋さんのメニューの内容を看護師さんにも聞きながら、当社のアーティストリレーションのスタッフが逐一通訳していたことを覚えています。

入院した先の病院に個室の空きがなく4人部屋での滞在でしたが一切愚痴も言わず、カーテンの向こうで咳が止まらないおじいさんのことを小声で「彼は大丈夫か？」と気遣われたりしていたことが忘れられません。2週間ぐらい経った頃、看護師さんが処置をされると、必ず顔を見て「ありがとう」を言うだけでなく、手を握って離さないなどお茶目な面も見せてくれました。

入院中はアーティストとしての記念すべき公演の話だけでなく、数度の結婚生活や離婚の時の慰謝料の話なども聞かせてもらいました。帰国の際に空港でアートが私たちに感謝の言葉を述べるとともに、私に人生で最後のサインだと言ってミミズの這ったようなサインをいただきました。帰国から間もない10月、残念ながら彼は帰らぬ人となってしまいました。

１９５０年代のベニー*2（Jack Benny）やリー*3（Peggy Lee）、１９６０年のウェイン*4（George Wein）たちと演奏するアートも見てみたかった気もしますが、現在のジャズに大きな影響を与えたレジェンドアートと知り合えたことを誇りにこの仕事を現在まで継続しております。天国では、好きなドラムを好きなだけ叩き、もっともっと幸せな結婚生活を送っていることを祈念し、生誕１００周年のお祝いの言葉とさせていただきます。

心筋梗塞で倒れたジョー・サンプル（Joe Sample）

ブッキングの他にも、開業当初から自分で続けていた仕事があった。それは、アーティストを伊丹空港（大阪国際空港）まで迎えに行くことだった。１９９４年に関西空港が開港されてからはそちらに迎えに行くことになった。このお迎えは、大阪ブルーノートがオープンしてから2000年頃まで10年間は続けただろうか。

アーティストとスタッフを空港まで迎えに行き、ホテルや出演するラジオ局に連れて行った。ラジオ局に連れて行く時は大抵、大阪ブルーノートに出演することを番組で告知するためであった。

先述したが、当時、小曽根真がKiss-FM KOBEで、『OZMIC NOTES』というジャズ番組のパーソナリティーを務めていたので、そこにゲストとして出演させてもらっていた。その番組は小曽根真の知り合いのアメリカにいるアーティストへの電話で突撃インタビューなどもある面白い番組であった。

ラジオ局に連れて行かれたアーティストたちには、「お前は鬼だな」というようなことをよく言われたものだ。なにしろ、アメリカから到着したばかりで時差でボーッとしているところを、ラジオ局まで連れて行き出演させるのだ。マイクの前に座らせるばかりではない、時にはスタジオで生演奏もしてもらった。サックス奏者のビル・エヴァンス（Bill Evans）が来日した際は、ラジオ局に着いた直後にサックスを吹いてもらった。

ニューヨーク・ヴォイセス[*5]には、スタジオの中でアカペラで歌わせてもいる。パーソナリティーの小曽根真にもピアノでセッションに参加してもらったりした。

もちろん、すべて生放送なので、今思えばムチャ振りだが、アーティストのほとんどは口では文句を言いながらも、喜んでつきあってくれた。サービス精神が旺盛だったのだ。

他にもＦＭ８０２で、Hiro-Tことヒロ寺平の番組にもよくお邪魔した。この番組にアーティストを連れて行こうとして、大変なハプニングが起きたことがある。

宿泊先のヒルトンホテルへジャズピアニストで元クルセイダーズのジョー・サンプル*6（Joe Sample）を迎えに行ったのだが、車に乗り込む時にジョー・サンプルが胸が痛いと言って倒れてしまったのである。心筋梗塞だった。

番組出演はＮＧとなり、私一人が付き添って、生駒市内にある循環器の専門病院に救急車で搬送された。

「すぐに手術しないといけませんよ」と医師に言われたものの、手術の際にもし何かあった場合でも、病院に対してその責任を問わないという、手術の同意書にサインをしなければならない。ところが、その場では、ジョーの知人といえば私しかいない。大変なものを背負ってしまったという重圧がのし掛かってきた。しかしこのままでは、ジョーの生命が危ない。腹をくくって私がサインをして手術が施行された。

手術は無事成功し、彼は帰国したが、帰国後にもう一度手術をしたという。その後に再び来日した彼は私とホテルのレストランで食事をしている時、シャツを開いて胸の手術跡を見せてくれたことがある。「マサト、おれはフランケンシュタインだな」、そう言って笑っていた。アーティストたちは私のことを「マサト」と呼んでいた。ジョーは2014年、帰らぬ人となった。心からご冥福をお祈りしたい。

ジョー・サンプルの手術と同じくらい思い出深いのが、インコグニート[*7]のボーカルだったメイザ・リーク[*8]が来日中に出産したことだ。これには驚いた。何しろ体格が良いので、お腹が出ていても単に太っているのだと思っていた。しかも、誰より出産寸前であることを知っているはずの本人が何も言わずに来日していたのだ。

それとも、すぐには生まれないだろうとたかをくっていたのだろうか。

オフィスに破水をしたとホテルから電話があり、救急車を呼んで病院を探したが、引き受けてくれる病院がなかった。

何しろ外国人で言葉は通じないし、保険証も持っていない。それでも何とか引き受けてくれたのが、大阪の浪速区の病院だった。感謝してもしきれないというのに、私はその病院の名を失念している。印象に残っているのは、「黒人女性は、我慢が足りませんね」と出産後に語った病院の看護師さんの言葉である。日本人女性なら、あんなに大きな声で叫ばないというのだ。私は首を横に振った。「いいえ、違うんです。彼女は有名な歌手なんですよ。それで声が大きいんです」、確かに待合室まで、彼女の叫び声が響き渡っていた。

生まれた未熟児の子どもをすぐに飛行機に乗せるわけにはいかなかったため、母親のメイザはビザの期限ギリギリまで滞在した後、一旦帰国してしまったが、赤ちゃんは日本に残された。

確か1カ月ほどの間病院にいたと思うが、それでもあまりにも幼い渡英となった。緊急事態ということで、出産にかかった費用は阪神ブルーノートが立て替えた。その男の赤ちゃんは、ジャズ（Jazz）君と名付けられた。

恐怖のジェットコースター

1997年、富士急ハイランドで「フジヤマジャズフェスティバル（FUJIYAMA JAZZ FESTIVAL）」というイベントを主催した。

この時、1976年にハービー・ハンコック（Herbie Hancock）がメンバーを集めて「ニューポート・ジャズ・フェスティバル」で一度だけのライブ活動のつもりで行なった演奏で『V.S.O.P』（Very Special Onetime Performance）としてレコード化された演奏を再現した。その演奏の後に、ジャズピアニストのミシェル・カミロ（Michel Camilo）[*9]と塩谷哲が素晴らしい連弾を披露してくれた。

その演奏を見ていたハービー・ハンコックが、ソワソワし出した。隣にいたハービーの奥さんが、「あなた、弾きたいんでしょ?」と言った。すると、ハンコック夫妻は、許可を求めるような目で私を見たのである。「どうぞどうぞ」と、私は促した。私も聴いてみたかったし、おそらく観客も喜ぶだろうと。

ハービーが加わった1台のピアノでの3人のピアニストの連弾が、誰もが期待した以上に素晴らしい演奏となった。ハービーの奥さんは、私のほうを見てニヤリと笑った。

「あなたたちにとっても、良かったでしょう?」、「いや、本当に素晴らしかった」と答えると、「それなら私にお礼をするべきね」ということで、私はハービーの奥さんと富士急ハイランドが誇る恐怖のジェットコース

「フジヤマジャズフェスティバル」概要

主　催	㈱阪神エンタテインメントインタナショナル
開催場所	富士急ハイランド コニファーフォレスト
開催日	1997年8月23日、24日
出演者	ハービー・ハンコック＆ウェイン・ショーター / ミシェル・カミロ　トリオ / エルナン・ロペス＝ヌッサ　クァルテット/カルロス菅野 ラテンジャズサミット　カルロス菅野（Perc）/ 大儀見元（Perc）/ 佐々木史郎（Tp）/ 中路英明（Tb）/ 塩谷 哲（Pf）/デイブ・バレンティン（Fl）/ ロビン・アミーン（Ds）/ リンカーン・ゴーインズ（Lincoln Goines）（B）/塩谷 哲 with SALT BAND　ゲストVo.露崎春女 /塩谷 哲（Pf）/ 沼澤 尚（Ds）/ 浅野祥之（G）/ 松原秀樹（B）/ 大儀見 元（Perc）/ 小野塚晃（Org）　など

ター「FUJIYAMA」に乗ることになった。実は、私はジェットコースターが死ぬより嫌い。あまりの恐怖だったからだろうか、その時、ハービーも乗ったかどうかを覚えていない。

本番前日にメンバーが来日していない！

前述の「フジヤマジャズフェスティバル」と名称が似ているのだが、日本テレビが主催した「マウント・フジ・ジャズ・フェスティバル イン 横浜」というイベントが開催され、私たちはアーティストの招聘を任されていた。このフェスティバルは、1986年から2004年まで山中湖畔で毎年8月に開催されていたもので、この年は横浜に場所を移しての1万人以上を集める大イベントであった。

このイベントのために、ジョージ・デューク[*10]（George Duke）など数グループのメインアーティストとして、J・Tテイラー[*11]（James "J.T." Taylor）がフロントに一時的なリユニオンとして復帰したクール・アンド・ザ・ギャング（Kool & the Gang）を招聘した。

同グループの第二期黄金期と呼ばれるメンバーが揃うということで、主催者側の期待も大きかった。そのため、テレビクルーも万全の体制でスタンバイしていた。ところが、ピアノの担当でバンドマスターのカーティス・ウィリアムズ[*12]（Curtis William）が、搭乗すべき飛行機に乗れなかった。このことを知らされた私たちは、一斉に青ざめた。バンドマスターのカーティスがいなければ演奏ができない。萬木は、寝ずに開始時間に間に合う飛行機を探した。私と日本テレビのプロデューサーは、成田から横浜にヘリコプターを飛ばすべく国土交通省と交渉したり、パトカーの先導が依頼できないかなど、本番前日から当日まで生きた心地がしなかった。

結局、カーティスは運良く本番ぎりぎりでステージに間に合ったのだが、既にメンバーはリユニオンを記念すべくアメリカから持参した豪奢なステージ衣装で揃えていたのだが、カーティスだけはTシャツにジーパンというラフな出で立ちで演奏することになった。これは、しっかりと映像にも収まっている。このことで、招聘責任者であった私は、テレビ局の人たちに平謝りをするはめになった。

クール・アンド・ザ・ギャングには、他にも泣かされた思い出がある。大阪ブルーノートを含めた来日ツアーの際、名古屋空港でドラマーがある理由から入国できず、ピンチヒッターとして元ドラマーのジョージ・ブラウン[*13]がピアノではなくドラムをたたくことになった。10数年？ぶりにたたくというジョージのドラムは完璧なドラムではなかったが、もはや引っ込みが付かない状況だったため、ツアーの最後までジョージのドラムで通した。

古くからのファンにとっては全盛期のドラマーであったジョージのドラムが貴重な体験となったのか、ツアー自体は盛り上がり、何とか体裁を保つことができた。実は、クールとはもっと大きな問題を抱えたことがあるが、これ以上書くと差し障りがあるので止めておく。名前のように心臓に悪いグループだが、クールは憎めない奴だった。

新地界隈をうろつくジョージ・ベンソン

ジョージ・ベンソンは、大阪ブルーノート開業時のアーティストだ。しかし、ビザのトラブルで開業2日前に私は急ぎ、香港に向かった。香港の空港のゲートで会った時は、思わず涙がこみ上げてきた。これで開業ができる。そして、何とかジョージを本番までに日本に連れてくることができた。

ジョージのマネージャーは、初日のミーティングで私に厳命した。

「マサト、ホテルからブルーノート間は歩いて5分でも必ず車でジョージを送迎してくれ」

それで初日からジョージの宿泊しているホテルとブルーノートを車で私が送り迎えをした。ところが、何日目かにジョージが言った。

「俺も大人だぜ。ホテルからブルーノートまですぐ近くじゃないか。俺一人で行けるよ」

不安な気持ちになりながらもそれ以上言えなかったこともあり、それならば、ということでその日はブルーノートでジョージを待つことにした。これが間違いだった。開演時刻になってもジョージが現れないのだ。ようやく、遅刻して現れたのだが、お客様を待たせている間、私はなすすべもなく最悪の事態を予想して怯えていた。この時間の長かったこと。

どうやらジョージは一人で新地界隈をうろつき、日本特有のレジャー施設で遊んでいたらしい。

「だから車で送迎しろと言っただろ！」と、私はマネージャーに酷く叱られた。演奏も難儀さも半端なく完璧なおっちゃん、という言葉が相応しいのがジョージ・ベンソンだった。

BBキング[*14]（B.B.King）、アンリ・サルバドール[*15]（Henri Salvador）、ジョージ・クリントン（George Clinton）、ザップことトラウトマンファミリー[*16]（Lester Troutman）など、編成の多いバンドの楽屋では本番前の熱気や、終演後のリラックスした表情が見られる。

一年のほとんどをツアーに費やすBBキング。長年の相棒Mr.セイデンバーグ、女房役のノーマン、そしてバンドの取りまとめ役キャプテンのもと皆が手際よく動く。ある晩、BBは用意した食事に手を付けず、何と本番直前に「うどん」のリクエスト。困った末に「どんべえ」を、どんぶりに装って提供したところ、毎晩リクエストが続いた。

久々に来日したディッキー・ベッツ[*17]（Forrest Richard Betts）。年季の入ったタトゥー、カウボーイハットから覗く目に凄味がある。一見物々しい外見の若いメンバー達は、屈託がなく賑やか。ステージに登れば、緊張感溢れる分厚いアンサンブルに圧倒された。

引退の舞台としてビルボードを選んでくれたアンリ・サルバドール。レジオンドヌールは国の誇り。移動中も、楽屋も一緒に歌って、食べて、笑って、世界を航海する船長に船乗り達といった風情。慈愛ある歌声で日本のファンにお別れした半年後、永眠した。

ジョージ・クリントン軍団は突飛なコスチュームで、側転するわ、ローラースケートで動き回るわ、楽屋やステージそこかしこでウジャウジャとカオスが徹底されている。宇宙に戻るといったかどうかわからないが、これでツアー引退とのこと。

ザップことトラウトマン一座の思い出は格別だ。

関空から那覇への出発日、翌日の米軍基地公演の迎えが来ない。彼らが米軍に段取りを頼んでいたはずの旅程、飛行機の予約も登録が見当たらず、早朝に一番乗りした私たち以外誰もいない空港ロビーは時間だけが空しく過ぎる。

事態が動き出したのは、夕方近くだった。始業した海外のエージェント頼みで、沖縄片道のチケットは何とか確保できそうだ。問題は、彼らの自腹になる大量の衣装や楽器の超過荷物代、数十万円。大勢の職員を相手に埒の明かない説得をする私を尻目に、長兄レスターが突然職員にまさかの土下座。日本ではこれが最上級のお願いと習ったのかどうかわからないが、慌てて止めた。

見かねた空港職員までが手伝って荷物を分散し、ケースに馬乗りになって何度も詰め替え、最後は数万円のチャージで許してもらい沖縄へと旅立った。到着地ではさすがに迎えが来たと信じたいところだが、ファミリーを守る度胸と覚悟が違う。それから数年経った大震災の直後、来日キャンセルが続く中、まったく臆することなく来日してくれた彼らの結束力には頭が上がらない。

夫人は強し

素晴らしいライブには、時に主役を引き立たせる夫人の存在が欠かせない。

オーティス・ラッシュ[*18]（Otis Rush）、コーネル・デュプリー[*19]（Cornell Dupree）、ガース・ハドソン[*20]（Garth Hudson）、エルヴィン・ジョーンズ[*21]（Elvin Jones）、ラリー・グラハム[*22]（Larry Graham）、ミシェル・カミロ（Michel Camilo）、ブーツィー・コリンズ[*23]（William Bootsy Collins)、古くはディジー・ガレスピー（Dizzy Gillespie）、レイ・ブラウン[*24]（Ray Brown）と枚挙にいとまがない。

久々に来日したボビー・ウォマック[*25]（Bobby Womack）は、楽屋入りから調子が悪そうで、不安が脳裏をよぎったが、その晩ウォマック節全開の渾身のパフォーマンスを見せ、満場の盛り上がりは更にボビーを煽る。終演後の歓声が響く中、焦りのはっきりわかるスタッフから緊急連絡。楽屋でボビーの様子がおかしい、いますぐ来てほしい。そこには異常な量の汗にソファーに投げつけられたかのような姿勢の息も絶え絶えなボビーが。ただごとでない雰囲気に、ひざまずき両手でしっかりボビーの手を握り耳を傾ける。遺言でも聞き逃すまいといった気になっていた。何かを伝えようとするが、嗄れ声に粗い息遣いがかぶさってまったく聞き取れない。

部屋を覗いた上機嫌のウォマック夫人が一言、「夫は日本のオーディエンスは最高って言ってるのよ。暑くてのぼせてるだけ。いつものことよ」。奥さんは、いつでも肝が据わっている。

名前は出せない、出て来ない人たち

伝説の歌手の久々の世界ツアー。彼女は遅刻魔でもある。

遅刻のペナルティを契約に盛り込み、海外からのサポートスタッフを増員し、あらゆる防御策やバックアップを講じた。取り巻きが多く、世界中のプロモーター相手に〝実戦経験〟豊富な彼女は、2時間の遅刻。ステージ裏でマネージャーと言い争い、何度も険悪な雰囲気に。そんな中で、不快な思いや我慢を強いられた人がたくさんいた。唯一の救いは、期待をはるかに超えたパフォーマンスの素晴らしさだった。

老舗ファンクグループのボスはバンドとのトラブルを抱えたままやって来た。

派手な衣装に金のアクセサリーはギャング映画さながら。バンドリーダーから突然呼ばれ、給料が未払いなので明日から全員演奏をボイコットすると伝えられた。若く経験の浅いマネージャーは当てにならず、説得方法を考える間もなくスイートルームにボスを訪ねた。サングラスの奥で表情を崩さない〝ボス〟が鎮座している。入室と同時にマネージャーが入口をロックする音を耳にし、足が竦んで一歩も動けない。長い時間が過ぎた。

〝ボス〟は部屋中歩き回り電話に向かって大声で海外とやりとりをしている。自分が書類にサインすれば、ツアー終了を待たず、ボスにギャラがリリースされる。そこからボスがちゃんとバンドに支払うのかが肝心。随分やりとりをして、即席の文書に署名をしたものの、気が気でなかった。数年後に本国の脱税でボスは収監されてしまった。お上も注目する大物中の大物だった。

引退公演でのスタンディングオベーション

マリーナ・ショウ[*26]（Marlena Shaw）が引退ツアーでビルボードにやって来た。本番直前に声が出なくなり、精神的にひどく動揺したマリーナはその晩のショーをあきらめるつもりだった。

残りのメンバーは冗談を言い合いながらもマリーナをいたわり、普段と変わらず準備を始めた。

「客席で待つ人がいる限りステージに上がるんです」

直接オーディエンスにさよならをしたいマリーナの心を察知し、せめて冒頭だけ歌って、だめなら途中で降りることを提案した。事前の緊急アナウンスで事情を知った温かいオーディエンスの拍手、仲間の奏でるイントロにいざなわれたマリーナは、気付けば満場のスタンディングオベーションに包まれていた。

グラミー賞受賞公演

世界初共演のアイデアに賛同してもらったラリー・カールトン（Larry Carlton）とスティーヴ・ルカサー（Steve Lukather）の初日公演を翌々日に控え、ドラマーのグレッグがニュージーランド国内の乗り継ぎがうまくいかず、便を変えても本番に間に合わないことが判明した。

最小限の手荷物を携えた彼が空港のゲートに現れた瞬間がアクション映画さながらの追跡ならぬ楽屋入りのスタートだった。平日の大渋滞を避け、空港からバイク二人乗りで高速に。こんな無茶は後にも先にもない。そして会場到着本番10分前、メンバー同士喜び合ったのも束の間、楽屋からステージまでの距離を、円陣になってアカペラで即席リハーサルをしながら移動。結果、本番ではミスショットは一つもなし。

これで驚いてはいけない。この日本ツアーのライブ録音が、後にグラミーを受賞したというのだから。

来日の悲喜こもごも

アメリカに帰国するために、関西空港へリムジンで送迎したアーティストの話。空港にチェックインしているスタッフたちをよそ目に、私はそのアーティストと一緒にいた。ナタリー・コール（Natalie Cole）[*27]だ。

「マサト、アイスクリームが食べたいのよ」

彼女は、カロリー制限されており、そのため、自分の好きなものを好きなときに食べられない日々を送っていたとのこと。そんなことも知らず、私は彼女を人目を忍んでアイスクリーム店に連れて行った。今考えると口止め料として、アイスクリームを奢られた。安すぎる口止め料だったが、私だって食べさせたことがバレればマネジャーから酷い目に遭うのだから共犯者の気分だった。

このように可愛いアーティストもいれば、心細い思いをさせてしまったアーティストもいる。

その日、私は飛行機の到着時間に1時間以上遅れて伊丹空港に到着した。ファンクバンドのオハイオ・プレイヤーズ（Ohio Players）を迎えに行ったのだが、予想以上の事故渋滞にハマって遅れてしまったのだ。長い時間待たせてしまって心から申し訳ないと思いながらも当時は携帯電話がなかったので、とにかく行くしかなく、ひょっとするとすでに帰国していたらどうしようと心配していた。

――これは相当怒っているだろうな。

悪態をつかれることを覚悟して空港に着くと、彼らはゴミ箱の前でコンクリートの床に直に座り込んで半分諦めたようにじっと待っていた。

私が遅れたことを気持ちを込めて謝罪すると、リーダーのシュガーは涙ぐんで、「また、欺されたのかと思った」と言った。

そして、良かった、良かった、と半べそを掻きながら私が迎えに来たことを喜んでくれた。相当に心細い思いをさせてしまったらしい。アメリカで欺されたことがあったそうで、それがトラウマになっていたようだ。

素行の悪いメンバーを事前に察知する

大阪ブルーノート時代はアーティストの送迎をほとんど自分で行なっていたため、一部のアーティストからは送迎専門の担当者だと思われることもあった。何度も顔を合わせているメインアーティストたちは私の立場を理解してくれているのだが、毎回変わるバックバンドのメンバーなどは私を運転手だと思っていた。そこで、私はそれを利用して、筋のよろしくない輩たちが問題を起こすのを防ごうと振る舞っていた。つまり、そのような輩には名刺を渡さずに、ただただ運転手のふりをしていたのだ。

私のことを運転手だと思って、いろんな悪いことを尋ねてくるメンバーがいる。そのため、問題が起きる前に察知することができた。そのようにして、バックバンドの素行の良し悪しを評価し、滞日中の監視レベルをアーティストリレーションに伝えていた。

アーティスト名を明らかにすることはできないが、あるアーティストがクリスマスパーティーを催すというのでオンタイムでホテルのスイートルームに顔を出したことがあった。どこからともなく人が集まってきて、30人ほどの人で部屋が一杯になった。日本人もいたが国籍不明の参加者も多かった。よく見ると、全員が男。その怪しげな雰囲気で、これから何が起きようとしているのかを察知した。そして、そのケがない私は急いで会場をあとにした。

これはアメリカではない、日本での出来事だ。異国に来ても彼らはすぐに集まってパーティーに興ずるという不思議なネットワークを持っていることをこの時初めて知ることとなった。

＊1　**アート・ブレーキー（Art Blakey）**
1919年10月11日年生まれ、1990年没。米国ペンシルベニア州ピッツバーグ出身。10代後半からバンドで活動しニューヨークへ進出。1954年から1955年にかけてホレス・シルヴァーと初代のジャズ・メッセンジャーズを結成。クリフォード・ブラウンやルー・ドナルドソンらを擁してジャズ・クラブのバードランドに出演して人気を博した。

＊2　**ジャック・ベニー（Jack Benny）本名：Benjamin Kubelsky**
1894年2月14日生まれ、1974年没。米国イリノイ州シカゴ出身。アメリカ合衆国の コメディアン、ヴォードヴィリアン、俳優。主にラジオ番組やテレビ番組、映画などで活躍した。20世紀のアメリカ合衆国の芸能界をリードした人物として知られ、comic timingや"Well!"といった短い言葉だけでも人を笑わせる能力で知られている。

＊3　**ペギー・リー（Peggy Lee）本名：Norma Deloris Egstrom**
1920年5月26日 生まれ、2002年没。米国ノースダコタ州出身。アメリカ合衆国の歌手・女優。グラミー賞に12回ノミネートされ、1969年のヒット曲「イズ・ザット・オール・ゼア・イズ」で最優秀女性ポップ・ボーカル賞（Grammy Award for Best Female Pop Vocal Performance）を受賞。1995年にはグラミー生涯成績賞（Grammy Lifetime Achievement Award）を授与されている。

＊4　**ジョージ・ウェイン（George Wein）**
1925年10月3日生まれ。米国マサチューセッツ州ボストン出身。アメリカ合衆国のジャズプロモーター、プロデューサー。1950年、ストーリーヴィルという名のジャズクラブ／レコードレーベルを設立し、1960年代に大規模なジャズのイベン

トをプロモートするフェスティバル・プロダクションを立ち上げた。〝ジャズの歴史で最も重要な演奏家ではない人物〟などと呼ばれる。

＊5　ニューヨーク・ヴォイセス（New York Voices）
男性2名＋女性3名による男女混成のトップ・コーラス・グループ。洗練された美しいハーモニーが魅力。1989年にデビューして以来、ライブの質の高さにも定評があり、王道ジャズからポップス、R&Bまで幅広いレパートリーを手掛ける。

＊6　ジョー・サンプル（Joe Sample）
1939年2月1日 生まれ、2014年没。米国テキサス州ヒューストン出身。ジャズ・フュージョン界で活躍したピアニスト。1960年に『ジャズ・クルセイダーズ』（後に『クルセイダーズ』に改名）の名でバンドデビューし、アルバムStreet Lifeが大ヒット。ソロ活動としてはクルセイダーズ時代に発表したRainbow Seeker（邦題：『虹の楽園』）（1978年）、Carmel（邦題：『渚にて』）（1979年）などがある。

＊7　インコグニート（Incognito）
ジャン・ポール・〝ブルーイ〟・モーニックによって1979年に結成された、イギリス・ロンドン発のジャズ・ファンク、アシッド・ジャズのバンド。アシッド・ジャズのムーブメントを作ったバンドの一つ。1981年、ファーストアルバム『Jazz Funk』をリリースし、1991年シングル「Always There」が全英6位のヒット。UKアシッドジャズシーンで不動の地位になる。

＊8　メイザ・リーク（Maysa Leak）
1966年8月17日生まれ。米国メリーランド州ボルチモア出身。シンガー・ソングライター。モルガン州立大学で音楽を学んだ後、スティーヴィー・ワンダーの女性ヴォーカル・グループに参加。90年代初めよりアシッド・ジャズ・グループ、インコグニートのメインヴォーカルとして活躍。95年にセルフ・タイトル作でソロ・デビュー。

＊9　ミシェル・カミロ（Michel Camilo）
1954年4月4日生まれ。ドミニカ共和国サントドミンゴ出身。ジャズピアニストで作曲家。1985年にカーネギー・ホールにトリオで出演し、スターダムに伸し上る。ファースト・アルバム〝Why Not?〟を日本のキング・レコードより発表。1988年にソニーに移り、セルフ・タイトルをリリース、ベストセラーを記録。2000年に〝Spain〟を発表、グラミー賞ラテン部門に輝く。

＊10　ジョージ・デューク（George Duke）
１９４６年1月12日 生まれ、２０１３年没。米国カリフォルニア州サン・ラファエル生まれ。ジャズ・フュージョンで活躍していたピアニストでコンポーザー、プロデューサー、歌手。１９７７年にEpic/CBSでFrom Me To Youをリリース、１９８５年Thief In The Night、１９９２年Snapshot、２００８年にDukey Treatsなど数々の音楽を残した。

＊11　J・Tテイラー（James "J.T." Taylor）
１９５３年8月16日生まれ。米国サウスカロライナ州ローレンス出身。アメリカ合衆国の歌手・俳優。R&B／ファンクバンドKool&the Gangの元リードシンガー。１９８８年にソロ・デビューを果たす。１９９１年に自身のセカンドアルバムFeel The Needを発表し、"Long Hot Summer Night" "Heart To Heart"などがヒットした。１９９６年にKool&the Gangと再会し、State of Affairsをリリース。

＊12　カーティス・ウィリアムズ（Curtis William）
Kool & the Gangのピアノバンドマスター。

＊13　ジョージ・ブラウン
１９４９年1月15日生まれ。米国ニュージャージー州ジャージーシティ出身。ジャズとファンクのドラマー。ニックネームは「ファンキー」。クール&ギャング（Kool & The Gang）の創設メンバーの一人。

＊14　BBキング（B.B.King）
１９２５年9月16日生まれ。２０１５年5月14日死去。米国ミシシッピ州出身。ブルース・シンガー／ギタリスト。本名はライリー・B・キング。１９４９年にレコード・デビュー。シンガー兼ギタリストというスタイルによるモダン・ブルースを確立し、半世紀以上にわたって第一線で活躍。グラミーなど受賞も多数。１９８７年にロックの殿堂入り。

＊15　アンリ・サルバドール（Henri Salvador）
１９１７年7月18日生まれ。２００８年2月13日没。南米のフランス領ギアナ出身。１９２４年パリへ移住。フランスの歌手、ミュージシャンとして活動。１９５０年代中頃、詩人のボリス・ヴィアンらとコミカルなフランス産R&Rを作り、話題を集める。俳優としても活躍。２０００年発表の『サルバドールからの手紙』がフランスで大ヒットした。

＊16　トラウトマン（Lester Troutman）
米国オハイオ州出身。ファンク・ミュージシャン。１９７９年にザップを結成し、ファンクサウンドで人気を呼んだ。

＊17　ディッキー・ベッツ（Forrest Richard Betts）
１９４３年12月12日生まれ。米国フロリダ州出身。アメリカのミュージシャン。ギタリスト、シンガー。アメリカのロックバンド、オールマン・ブラザーズ・バンドのオリジナルメンバーとして有名。「ローリング・ストーンの選ぶ歴史上最も偉大な１００人のギタリスト」２０１１年改訂版においては第61位。

＊18　オーティス・ラッシュ（Otis Rush）
１９３５年４月29日生まれ。２０１８年９月29日没。米国ミシシッピ州出身。シンガー・ソングライター／ブルース・ギタリスト。１９５６年デビュー、モダン・ブルースの担い手となる。左利きながら右利き用ギターを逆向きに持って演奏する〝シカゴ・ブルース〟スタイルを発展。１９９８年「エニイ・プレイス・アイム・ゴーイング」でグラミーを受賞。

＊19　コーネル・デュプリー（Cornell Dupree）
１９４２年12月19日生まれ。２０１１年５月８日没。米国テキサス州出身。東海岸を代表するフュージョン・バンド〝スタッフ〟のギタリスト。メロウな音色の中にテキサス・ルーツの強烈にブルージーなプレイを聴かせ、唯一無二の演奏スタイルを確立。名盤は２５００枚を越えると言われる究極のスタジオ・ミュージシャン。

＊20　ガース・ハドソン（Garth Hudson）
１９３７年８月２日生まれ。カナダ・オンタリオ州出身。米国を代表するロックバンド「ザ・バンド」のメンバー。キーボード、シンセサイザー、アコーディオン、サックスなどを担当。重厚にして変幻自在のオルガンが持ち味。１９７６年のバンド解散まで活躍。１９８３年にはロビー抜きでザ・バンドを再編成した。現在も精力的に活動を続ける。

＊21　エルヴィン・ジョーンズ（Elvin Jones）
１９２７年９月９日生まれ。２００４年５月18日没。米国ミシガン州出身。ジャズ・ドラマー。兄にハンク・ジョーンズ、サド・ジョーンズがおり、ジャズ界で〝ジョーンズ兄弟〟と言われる。ジャズ・ドラム界最大のイノヴェーターである。ジョン・コルトレーン・カルテットでのプレイが最も充実したが、その後も後進のリーダーとして活躍。

＊22　ラリー・グラハム（Larry Graham）
1946年8月14日生まれ。米国カリフォルニア州出身。1966年スライ&ザ・ファミリー・ストーンの結成に参加。1973年グラハム・セントラル・ステーションを結成しファンク・ミュージックを展開した。1984年にソロとなり、ファンクからモダンなソウルまで多彩にこなす。代表曲「ワン・イン・ア・ミリオン・ユー」、「ユア・ラヴ」。

＊23　ブーツィー・コリンズ（William Bootsy Collins）
1951年10月26日生まれ。米・オハイオ州シンシナティ出身。ベーシスト奏者。1969年よりジェームス・ブラウンのバック・バンド、JB'sなどで活動。1972年よりPファンク軍団に参加し、1976年から自身のバンドを率いて活躍。1980年代以降はソロや共演でも活動し〝ファンク・モンスター〟として絶大な人気を得る。1997年にロックの殿堂入り。

＊24　レイ・ブラウン（Ray Brown）
1926年10月13日生まれ。2002年7月2日没。米国ペンシルベニア州出身。ジャズ・ベースの巨匠。オスカー・ピーターソン、ミルト・ジャクソンとの長年にわたる共演活動が有名だが、チャーリー・パーカー、バド・パウエルなど、ジャズ史に残る数々の傑作に参加している名盤請負人。

＊25　ボビー・ウォマック（Bobby Womack）
1944年3月4日生まれ。2014年6月27日没。米国オハイオ州出身。アメリカ合衆国のシンガー・ソングライター、ギタリスト。1950年代に兄弟と活動をはじめ、1960年代にグループとしてデビュー。代表作は「ポエット」3部作。2009年にはロックの殿堂入り。ロックなサウンドを積極的に取り入れた革新的な音楽スタイル。

＊26　マリーナ・ショウ（Marlena Shaw）
1944年9月22日生まれ、米ニューヨーク州ニューロシェル出身。ジャズ・シンガー。1966年リリースのシングル「マーシー・マーシー・マーシー」の大ヒットで一躍有名となる。1972年には女性歌手として初めてブルーノート・レコードと契約。ジャズ以外にもR&B、ポップスと幅広いジャンルでの支持を不動のものとした。

＊27　ナタリー・コール（Natalie Cole）
1950年2月6日生まれ。米カリフォルニア出身。2015年12月31日没。女性シンガー・ソングライター。1975年のデビュー・シングル「ディス・ウィル・ビー」でグラミー最優秀R&B女性ボーカル賞、最優秀新人賞に輝く。1988年の「ピンク・キャデラック」で復活し、1991年には「アンフォーゲッタブル」でグラミー最優秀アルバム賞を受賞。

Column

至極のライブ

現在の私は社長業ゆえに、月に数回しかライブを聴きに行くことはできない。ここで、大阪ブルーノート開業から今日までの間、私と坂本の二人にとって心をふるわせた至極のライブを紹介してみよう。もし、その時を共有していた方がいらっしゃれば、もう一度その場面を思い出していただきたい。

ジョージ・ベンソン「Give Me The Night」

フュージョン界きってのスーパースター、ベンソンとブラック・ミュージック・シーンの首領クインシー・ジョーンズ（Quincy Jones）との出逢いで１９８０年にワーナーからリリースされた世紀の傑作アルバムのタイトル曲。大阪ブルーノート最初のステージでベンソンが奏でた最高の一曲。当日は極度の疲労で体が痺れているが安堵と感動が混じり合い涙が溢れ出たように思う。YOUTUBEでジョージ・ベンソン、大阪ブルーノートで検索すると関西テレビで放送した番組が今でも観れる。

ベビーフェイス（Babyface）「Every Time I Close My Eyes」

彼はボビー・ブラウン（Bobby Brown）、ホイットニー・ヒューストン（Whitney Houston）、TLC、トニー・ブラクストン（Toni Braxton）、セリーヌ・ディオン（Céline Dion）、マライア・キャリー（Mariah Carey）、エリック・クラプトン（Eric Clapton）、マドンナ（Madonna）などの楽曲のプロデュースでヒット曲を連発。ボーイズⅡメンに提供した「End of the Road」はビルボードシングルチャートで連続13週、「I'll Make Love to You」は14週連続1位を記録するメガヒットとなった。グラミー賞においては、作曲家・プロデューサーとして、ベストR&Bソング、ベストプロデューサー、レコード・オブ・ザ・イヤーなどを幾度も受賞するなど、プロデューサーの地位を不動とした。2007年ビルボードライブ開業シリーズのステージで聴いた甘いバラードは琴線に触れる一曲。

クール・アンド・ザ・ギャング（Kool & the Gang）「Joanna」

マウント・フジ・ジャズ・フェスティバル・イン・横浜のあとに大阪ブルーノートでＪＴテイラーが歌ったJoanna。この曲はギターのチャールズが原曲を作り、ロナルドが名前を付けたとKoolから聞いたことがある。この世で唯一人、僕にとってかけがえのない人。ＪＴの甘い声での最高のラブソング。

カウント・ベイシー・オーケストラ（Count Basie Orchestra）「One O'Clock Jump」

ピアノとベースで静かに曲が始まるが、途中からサックスとペットの掛け合いでビッグバンドファンにとっては最高に盛り上がる曲。３００席の空間で聴くビッグバンドの迫力は満点である。私は高校時代軽音楽部のビッグバンドでドラムスをたたいていた。この曲も皆でトライしたが散々だった記憶がある。

ナンシー・ウィルソン（Nancy Wilson）「Who Can I Turn To」

ナンシーはグラミー賞を3回受賞、声の艶が最高の女性ジャズボーカル。Anthony Newley 作詞、Leslie Bricusse 作曲、ドラムのブラシとピアノ、そして彼女のある時は可愛く、ある時は太い美声が絡む名曲。彼女は私のビッグママ。大阪ブルーノートの成績が落ち着いた時に彼女からヒントを貰いソウルバードミュージックスクールを設立した。残念ながら２０１８年の12月13日に帰らぬ人となってしまった。享年81歳。

スティーリー・ダン（Steely Dan）「Aja」

ビルボードライブ東京、大阪、福岡の開業アーティスト。１stステージの９曲目で演奏した彼の代表曲。１９７７年にＡＢＣレコードからリリースされ、グラミーの最優秀録音賞を受賞している。ＣＤとライブがまったく同じ音と聞いていたがまさに正しかった。余談になるが、ドナルド（Donald Jay Fagen）は噂通りかなり癖のある人物であったが、ウォルター（Walter Carl Becker）は本当にいいおじさんだった。ウォルターは２０１７年９月３日、67歳でこの世を去っている。二人のスティーリー・ダンのライブをはもう観れないと思うと心底悲しい。

ロバータ・フラック「The First Time Ever I Saw Your Face」

私が30数年で一番感動した1曲。大阪ブルーノートで聴いたピアノを弾きながらハスキーで力強く歌うこの曲のライブは自然と涙を誘う。ロバータには色んな難題を突きつけられ苦しんだが、このライブを聴くと許してしまう。

テリー・キャリア（Terry Callier）「People Get Ready ～ Brotherly Love」

カーティス・メイフィールド（Curtis Mayfield）がそうだったように、時に鋭く、時に優しく、心情や物語を歌い続けたテリーは、世に埋もれる伝説のミュージシャンだった。初来日となった公演初日、バンド仲間の演奏が丁寧に寄り添い、一曲一曲に灯をともしていく。激しく心を揺さぶられ、金縛りのごとく、一瞬たりとも聞き逃すことができない特別な夜になった。

バート・バカラック（Burt Bacharach）「Alfie」

バカラックの名曲は、外国の華麗なショービズの世界や憧れのスターへの想像を掻き立てる最高のサウンドトラック。楽屋に現れたバートは、我々スタッフにも大変気さくな紳士で、微笑みをたたえたリアルな存在だった。流麗な演奏にのって、切れ目なく名作が続く中、はじまったこの曲に会場の空気が一変した。ピアノソロ。聴衆一人一人に問いかけるように弾き語るバカラック。世界中が恋に落ちるのも納得。

ザ・ルーツ（The Roots）「Apache」

ヒップホップは、古きを讃え、新しきを受け入れる万能のカルチャー。古い曲がつぎはぎされ、新しいものに変身するサンプリングのマジックに皆が夢中になった。得体の知れないバンドがはるか昔に録音した、埃をかぶったままだったかもしれない、この古い曲のイントロをザ・ルーツが奏でた瞬間、客席は沸点に。音楽で一つになる素晴らしい瞬間だった。

ダニエル・ラノワ（Daniel Lanois）「曲名なし」

〝ラノワの音〟に触れた原体験はU2の「焔（The Unforgettable Fire）」。とことん心酔した前作「War」の世界を期待していた高校生の自分は、そのあまりの変わりように随分落胆した。しかし、その杞憂は、同じイーノ／ラノワの手によるU2の次作「ジョシュア・トゥリー（The Joshua Tree）」で決定的になる。それまでブリット一辺倒だった自分の興味は、「ジョシュア〜」のコンセプトと同じアメリカ大陸へ向かい、ラノワのサウンドとともに荒野の心象風景が深く心に刻まれた。そして数十年後、これも確か初来日。ラノワの音に包まれるビルボードライブのステージバックに広がる六本木の夜景は、まさしくあの風景だった。

第4章

プールサイドでスカウトされた男

黒字の継続

ジャズからジャンルを広げたことで、大阪ブルーノートは開業3年目から業績が上向いていった。為替の変動も大きく影響したが、額の大小はともかく毎年の経常利益は黒字になったのである。

その頃、私たちはブルーノートを福岡と名古屋でも運営し、音楽イベント販売などもあって売上の規模も出てきたが、私自身はブルーノート事業の継続に二つの限界を感じ、不安を覚えていた。

一つ目の限界は私自身の問題でブッキング業務を10年続けたがジャンルが広がったことで新しい音楽の知識についていけないというジレンマ。

二つ目が、ブルーノートとのライセンス契約によるビジネスモデルの限界であった。

私は現在、ある会合でベンチャー企業のメンターをしているが、そこでよく「新規事業に大事なことは?」という質問を受けることがある。私は即座に、「ニーズとビジネスモデル」と答えている。

徹底的に、ニーズや競合市場調査を足で行ない仮説を立てる。そして、利用客が定着し、参入障壁が高いビジネスを設計する。「顧客に提供できる価値」、「儲かる仕組み」、「経営資源」、「業務プロセス」の四つの要素からビジネスモデルを考えるべきだ、というのが私の持論である。

今でこそ、そんな偉そうなことも言えるが、大阪ブルーノートの事業計画を作成した時は小菅と必死で大阪ブルーノートをどう創り上げるしか考えられなかったので、知識が付き始めるにしたがって立案したビジネスモデルは不満足に思えた。

ある時、上司の山崎と相談をしブッキング業務を引き継げる人材を探すことになった。まさか電鉄の社員にはいないだろうとたかをくくっていたため、東京ではとにかくたくさんの音楽業界の人と会うことにした。しかし、興行のマーケット感と幅広いジャンルのアーティストの知識をもった人物はなかなか現れなかった。加えて、阪神電鉄グループの社風に合うことも条件の一つだったので、人選は困難を極めた。

困り果てた時、山崎から電話があり、阪神パークで音楽が好きな浮いてる社員がいるので一度会ってみたらどうかと言われた。

アテが外れた電鉄会社への就職

山崎の情報をもとに会ったのが、現在、阪神コンテンツリンク執行役員でビルボード事業部長を務めている坂本大である。

坂本は、大学生の時は就職活動を嫌い、もっと遊びたいと思って休学届けを出し、ニューヨークに1年間滞在している。「ネルズ」というナイトクラブに入り浸り、飛び入りでＤＪやラップに参加することもあったという。そんな彼が帰国し、観念して就職活動を始めて阪神電鉄に入ったのだ。１９９３年であった。

阪神電鉄を選んだ理由を坂本は、9時〜5時まで働けば定時で退社して、残った時間を全部遊べると思っていたからだと言った。電車の運転をするわけでもなかったので、きっとお役所的な仕事に就けるだろうとアテ込んでいた。しかし、入社後の彼は所属は人事部ながら、私も新人時代に勤めた「甲子園阪神パーク」に配属になった。

遊園地の現場は朝が早い。しかもイベントが多く、夜も遅くなることが多い。もちろん、新入社員は一番下っ端だから、着ぐるみショーの企画といった仕事もあったが、冬はスケート場の整地作業を行なわねばならないし、夏になれば猛暑の中、プールの掃除や監視、雑用もしなければならない。

「あんまり楽することばかり考えていたので、罰が当たったんだと思いましたね」と、彼は笑った。

特に、夏のプールは暇だったらしく、1時間おきの水質検査と、浮き輪などを売っている業者に片付けを注意することくらいしか仕事がない。あとは監視のアルバイトの休憩時間に、自分が代わりに監視台に上ることくらいだった。

事故は起きないことが良いに決まっているが、とにかく暇だった。ところが、ボーッとしている時に、場内に流れている音楽が気になりだした。自称「音楽好きなやる気無し会社員」の彼らしいところである。

「ファミリー向けのあたり障りのない音楽が流れていましたね。あと、蛍の光とか」

当時はカセットテープで音楽を流していた。テープも使い込んだもの

阪神コンテンツリンク執行役員
ビルボード事業部長　坂本大

だったので、音が間延びすることがあった。

「つまらないな」と言いながら、坂本は自分が買い込んできたCDの音楽をテープに編集し、プールで流し始めた。音の悪いスピーカーだったが、せめて自分のチョイスした洋楽が流れるのが慰みになった。

「えらいにぎやかな音楽ならしてまんねんな」と、変化に気が付いた売店のおばちゃんが声を掛けてきた。

流れてくるのは、おばちゃんが知らない曲ばかりだった。レゲエ、ヒップポップ、ロック、ワールドなど。もはやプールに相応しいかどうかなどは関係なく、坂本の趣味で選曲されていた。家で聞く時間がなくなったのだから、「しょうがないじゃないか」ということだったのだろう。いずれにせよ、楽ができると思って入った会社は、坂本にとってまったくのアテ外れだった。

抜き打ちテスト

坂本が音楽好きで、職場で自分好みの曲を流していることは事業部でも話題になっていた。当然、山崎の耳にも入っていたようだ。私が坂本に会いにプールに行くと、噂通りに彼が編集したであろう音楽が流れていた。

——なるほど、この選曲は相当マニアックな音楽好きだな。

私は坂本を呼びつけて、即席の面接を行なった。

「君はクール・アンド・ザ・ギャング（Kool & the Gang）って知ってるか？　メインボーカルの名前は？」、その他いろんな質問をした。

彼は、ユニフォームのポロシャツにベージュのチノパンツ、ボサボサ頭でビーチサンダル履きという出で立ちで、私を見てきょとんとしていたが、私の質問にすべて正解した。

「これはいけるかも」と、私は思った。アーティストのマーケット感や知識は、探している人材にぴったりだった。

１週間後、坂本は上司から異動を伝えられた。「坂本君、キミには阪神ブルーノートに行ってもらうことになった」と言う上司の言葉に、坂本は、きょとんとしたらしい。音楽好きな彼が、うかつにも阪神ブルーノートのことを知らなかったからだ。その年、阪神淡路大震災が起き遊園地は開園休業状態だった。それで坂本は、自分は余剰人員になったのだ、と早合点したらしい。

異動先の阪神ブルーノートに出社すると、彼は興奮した。日頃からＣＤショップで見たり聴いたりしたことのある海外のアーティストが次々とブッキングされているではないか。

「現実の出来事とは思えませんでしたね。しかも壁一枚隔てた楽屋に、憧れのアーティストがいるんですから！　興奮しましたけど、不安でしたね。自分に何ができるのかと」

最初の仕事は、アーティストを空港に迎えに行き、楽器などの荷物を会場に搬送する仕事だった。また、雑用もこなした。アーティストが「歯が痛い」と言えば歯科医に連れて行った。新幹線の切符を買いに行かされることもあった。まさにバンドの「ボウヤ」的な仕事だった。言葉は片言の英語だったが、何とかなった。

立場的には遊園地にいたころとあまり変わらないものの、環境は激変した。「おおっ、すげぇな」。目の前では、耳だけで知っていた音楽をアーティスト本人が演奏している。しかも、客席は大盛り上がりの毎日だった。

ハプニングも多かった。前述したが、インコグニートのボーカルだったメイザ・リークが出産したときも坂本がいた。坂本がメイザの送り出しのためにヒルトンホテルに行くと、ホテルの従業員が血相を変えて飛んできた。

「破水しました！」

破水したことを最初に聞いたのは彼だった。坂本も彼女が妊娠していることには気付かなかったという。

メイザにとっては初めての出産で未熟児だった。連れて帰れるはずがない。赤ちゃんは保育器の中だ。メイザの帰国中、坂本たちは交代で赤ちゃんの様子を見るために毎日病院に通った。

「元気だな、とか大きくなっているな、ってアーティストリレーションと言い合っていました」

坂本は、日本人男性の平均より背が低く、幼い雰囲気を醸し出していたので、アーティストからDee（ディー）と呼ばれて人気があった。特に、ロバータ・フラックに気に入られ、空港で連れて帰りたいと私に言った記憶がある。あとで萬木に確認したところ、連れて帰りたかったのは坂本ではなく、犬（豆柴）だったというオチが付いた。

音楽業界のヒエラルキーを思い知らされる

その後、坂本を私の後任のブッキング担当にした。

ブッキング担当はブルーノートのブランド創りの中心的な存在だ。仕事内容は、アーティストを決めて、収支の予測を立ててギャラの交渉とスケジュール調整を行なうこと。ここで、坂本の音楽好きが活かされることになった。

アーティストのブッキングには、客層の予想から集客力の予想、アーティストがどれくらい売れているか、アメリカでは売れているが日本では知られていないとか、一発屋だが日本での集客は見込めるなどを予測しなければならない。その結果、アメリカのエージェントが出してくるギャラが妥当かどうかを判断する。

このような予想と判断を的確に行なうためには、アーティストや音楽の流行具合などに詳しい必要があった。坂本の場合は、ことさら学ばなくても、既に趣味として必要な知識が血肉となっていた。

「そんな人材は、阪神電鉄にはボクぐらいしかいなかったと思いますね」

坂本には、アメリカのエージェントはコミッションさえ手に入れば後は興味がないということを教えた。日本の観客にはこのアーティストならこの曲をやらなければ納得できないというところが強い。しかし、エージェントは、細かな選曲まで私たちの要望を受け付けてくれない。

「坂本、あいつら（エージェント）の言うことを聞いていたらあかんぞ」と、いつも言い聞かせていた。年に1~2回、坂本をニューヨークに連れて行く時も、私は彼に「喧嘩しに行くで」と言っていたらしい。

私たちは常に、お客様が求めるものを提供しなければならない。中には怠けて演奏するアーティストもいる。そうさせないためには、私は公演の前後にそのアーティストのＣＤをかけるように指示していた。最低でもこれ以上の演奏はしろよ、という意味である。１００％の演奏に、お客様はお金を出しリピートする。そのあたりの勘どころは、長年音楽を聴きまくってきただけあって、坂本は心得ていた。

この当時、坂本は音楽業界のヒエラルキーを思い知らされる体験をしている。そしてその体験は現在の私たちの事業にも大きな影響を与えたのである。

私たちはアーティストを選ぶ際、博打をするなと言っていた。そこで坂本にも、直感だけに頼らず、データを集めて分析するように指導していた。彼は、ブッキングしようと考えているアーティストの大阪でのＣＤセールスの状況を知りたくて、アーティストが所属するレーヴェルを持っているレコード会社にＣＤの売れ具合を確認しようと電話を掛けることがあった。

すると、普通に教えてくれることもあったそうだが、よく冷たくあしらわれたそうだ。

「地方の３００人程度しか入らない小箱の人間に、どうしてそんな数字を教えてやらなきゃならないんだ？　仕事の邪魔だから切るよ」

当時、洋楽ではレコード会社は花形だった。洋楽のディレクターはチヤホヤされていた。テレビやラジオならまだしも、大阪ブルーノートは、そういう存在だったのだろう。また、私の時代に比べると、レコード会社に余裕がなくなっていたのかも知れない。

「でも、この体験がかえって良かったんです。地方の地を這うような努力を経験したので、ビルボードライブをやるようになってからも謙虚さを失わずに済みましたから」と、坂本は言う。

レコード会社といえば、阪神ブルーノート時代の私たちは「東京飛ばし」をよくやっていた。大阪、福岡、名古屋でツアーを組めば、アーティストにとっては収益上問題がなかった。ところが、このことを後でレコード会社が知ることになる。すると、速攻で電話がかかってくる。「東京を飛ばすなんて、何てことをしてくれたんだ！」と。

日本でCDを売るためにアーティストに投資しているのに、東京を飛ばすなどあり得ない、という怒りだ。では、私たちがツアーに東京を組み込めばレコード会社はお金を出すのかというと、出す気はない。だから、私たちもレコード会社に忖度しなかった。

しかし、ビジネスを広げようと考えた時には、東京に拠点を持っていないことのフラストレーションはあった。今でこそよく理解できるが、やはりプロモーション一つとっても、東京が抜けていることは大きな機会損失なのだ。そのため、どこかの段階で東京に出なければならない、いつか東京で箱を持ちたい、と私だけでなく坂本も考えていたようだ。

日本人アーティストの出演

大阪ブルーノートはジャズ以外のジャンルのアーティストにも出演者を広げていったが、大人のための空間であり、クオリティーの高いライブを提供することは守り続けた。そのため、日本人アーティストが出演するようになっても、それはかなり厳選されたラインナップにした。

最初に出演した日本人アーティストは、ジャズ・トランペッターの日野皓正[*1]である。彼の場合は日本人とはいえ、活動拠点がアメリカだったので、アメリカのエージェント経由でブッキングした。その意味では、この段階ではまだアメリカのアーティストを招聘したといえる。

同様に海外のエージェント経由でブッキングしたのが、ボサノヴァシンガーの小野リサやサルサのオルケスタ・デ・ラ・ルス[*2]、ジャズピアニストの小曽根真、秋吉敏子[*3]（穐吉敏子）だった。

純粋に国内のアーティストとして出演したのは、女性ジャズシンガーの伊藤君子[*4]だ。その後にもジャズピアニストの国府弘子[*5]、ジャズギタリストの天野清継[*6]、純粋な日本人ではないが日本で活躍していたフィリピン・マニラ市出身のジャズシンガーのマリーン[*7]（Marlene）、ジャズピアニストの松岡直也[*8]、大西順子[*9]、R&B・ソウルシンガーの上田正樹[*10]などが続いた。いずれも、洋楽を好む大人向けのアーティストである。

日本人アーティストにしても、まだまだブルーノートはジャズクラブであるという性質を色濃く残していたが、このブランドイメージがだんだん邪魔になってきていた。

英語で歌う『みずいろの雨[*11]』

大阪ブルーノートの開業以来、R&B、ディスコやAORのアーティストたちとの信頼関係が構築されていったが、それでも、大多数のアーティストは、しばらくの間はニューヨークのブルーノートを通してブッキングしていた。

ニューヨークのゼネラルマネージャーはこちらの店の運営に対しても口うるさい人物だったが、ブッキングマネージャーのアンディ・カフマンという人物は私たちに好意的で、私のブッキングの師匠でもある。おそらく彼は、ニューヨークのブルーノートに対する忠誠心が低かったのかも知れない。彼は、私たちが希望するアーティストをブルーノートというブランドにこだわらずに、仲介することだけに徹してくれていた。もちろん、エージェントとして交渉してくれたので、報酬はきっちりと支払っていた。つまり、彼のエージェントとしての実績はしっかり蓄積される。

このようにして、私たちはジャンルを広げてはいたが、山崎がめざしていたクオリティーの高いライブ音楽を提供するという方針だけは守り続けた。

時にはＫＣ＆ザ・サンシャイン・バンド（KC and the Sunshine Band）のように、質が高くない演奏を聞かせてしまうという失敗例もあった。ＦＭ８０２のカウントダウンの中継を大阪ブルーノートから放送されることが決定し、アーティストはＫＣ＆ザ・サンシャイン・バンド、ＤＪはヒロ寺平と決まった。ところが、バンドメンバーとお客様が馬鹿騒ぎしすぎて、ヒロ氏の声がラジオからまったく聞こえなくなり、放送事故のように大きな問題になった。その結果、バンドの演奏の質の悪さがラジオから聴こえず、喜んでいいのか悲しんでいいのかわからないということもあった。

また、アメリカで活動している日本人アーティストも呼んだ。今はビルボードクラシックスも含めてビルボードライブの常連となった八神純子であるが、ニューヨークのブルーノート経由でブッキングしてもらった。この時は日本語で歌わないように依頼し、ヒット曲『みずいろの雨』も英語で歌ってもらった。バックミュージシャンもジェントル・ソウツ[*12]の主なメンバーで素晴らしい演奏であった。

ところで、私たちはブルーノートの時代からビルボードライブに変わっても、本書ではわかりやすいのでライブハウスと言っているが、一貫して「ライブハウス」という言葉は使っていない。あくまで、「クラブ&レストラン」なのだ。ライブハウスは和製英語であるため、アメリカでも使われないし、海外アーティストには通じない。

最後に、今となっては確かめようはないのだが、山崎は私になぜ後継者を探せと命じたのだろう。

あの時、山崎は久万会長から阪神タイガースの社長を命じられる話があり（結果、任命はしなかったのだが）、私も一緒に阪神タイガースへ異動させようと思ったのかなとも思ったりしているが、今となっては調べる術もない。

＊1　日野晧正
1942年10月25日生まれ。東京出身。1967年の初リーダーアルバムをリリース以降、〝ヒノテル・ブーム〟との注目を集める。1989年にはジャズの名門レーベル〝ブルーノート〟と日本人初の契約アーティストとなる。唯一無二のオリジナリティと芸術性の高さを誇る日本を代表する国際的アーティストである。

＊2　オルケスタ・デ・ラ・ルス
1984年にNORAを中心に結成された和製サルサ・バンド。1990年に日米で発売されたデビュー・アルバム「DE LA LUZ」は、ビルボード誌ラテン・チャートで11週連続1位となった。「DE LA LUZ」は1991年にNY批評家協会賞でベスト・アルバム・オブ・ジ・イアー、日本レコード大賞特別賞を受賞。1995年に一度解散したが、2002年に復活。

＊3　秋吉敏子（穐吉敏子）
1929年12月12日生まれ。満州・遼陽生出身。米ニューヨーク在住の日本のジャズ・ピアニスト／作編曲家。日本のモダン・ジャズ草創期に多大な貢献を果たし、1956年に渡米してバークリー音楽院で学ぶ。米国で活動を続け第一線で活躍。1997年に紫綬褒章受章、1999年に国際ジャズの殿堂入りを果たすなど、受賞歴は多数。

＊4　伊藤君子
1946年7月11日生まれ。香川県小豆島出身。ジャズ・シンガー。1982年に「バードランド」をリリースした後、日野皓正らのツアーに同行し好評を得る。1986年「ア・タッチ・オブ・ラヴ」、1987年「フォー・ラヴァーズ・オンリー」と立て続けにヒットを放ち全米デビューを果たす。

＊5　国府弘子
1959年8月26日生まれ。東京都渋谷区西原出身。ジャズ・ピアニスト、作編曲家。国立音楽大学ピアノ科卒業後渡米、ジャズ界の重鎮バリー・ハリスに師事。帰国後、1987年にJVCと契約。ピアノと作曲両面での活動を展開し、独自の〝国府ワールド〟を確立。TVやラジオパーソナリティ、客員教授やエッセイ執筆など幅広く活動する。

＊6　天野清継
1956年8月17日生まれ。東京都渋谷区出身。1988年に渡米し作編曲科で学び卒業。1991年にアルバム「AZURE」をリリース。1996年には「Yuman's Dance」をTAOSフィーチャリング天野名義で発表。2000年、ヴォーカルに初挑戦をしたソロ・アルバム「Book of Colors」をリリース。葉加瀬太郎、平井堅などとのコラボレーションなど、多岐に活動している。

＊7　マリーン（Marlene）
1960年1月4日生まれ。フィリピン・マニラ出身。1978年に来日。アイドル歌手としてデビューするも、1980年代に本来希望していたジャズ・シンガーに転向。1983年に発表したアルバム「デジャ・ヴー」がヒット、フュージョン全盛期

を代表するシンガーとして人気を博す。結婚を機に第一線から離れるも、２００７年本格復帰。

＊８　**松岡直也**
１９３７年５月９日生まれ。神奈川県横浜市本牧出身。作・編曲家、ピアニスト。日本を代表するラテン・フュージョン音楽の第一人者。１９７０年代後半から自己のグループ〝松岡直也＆ウィシング〟で本格的なラテン音楽にフュージョン・テイストを加えたサウンドにより一世を風靡。

＊９　**大西順子**
１９６７年４月16日生まれ。京都府城陽市出身。１９８９年にボストンのバークリー音楽大学を卒業。ニューヨークを拠点にプロとしての活動開始。１９９２年に帰国し、１９９３年に『ワウ ＷＯＷ』でアルバム・デビュー。トップ・ピアニストとして日本のジャズ・シーンを牽引。長期休養や２０１２年の引退宣言などを経て、２０１５年に〈東京ＪＡＺＺ〉で復帰。

＊10　**上田正樹**
１９４９年７月７日生まれ。京都府京都市出身。１９７４年に上田正樹とサウス・トゥ・サウスを結成。１９７５年、有山淳司とのデュオなど、ソウルフルなヴォーカルで関西ロック・シーンの立役者に。１９７６年バンド解散後、PUSH&PULLなどを経て、ソロに転身。１９８３年シングル「悲しい色やね」がヒット。近年はアジアでの活躍が目立つ。

＊11　**みずいろの雨**
１９７８年９月５日にリリースされた八神純子の５枚目のシングルである。曲については、八神純子本人が、原宿の歩道橋を歩いている時に思いついたものである。シングルセールスは60万枚を記録した。「ああ　みずいろの雨」のフレーズは、雨が降り始めたかと思ったらすでに豪雨だったかのごとく印象的で、一度聞くと耳から離れない。

＊12　**ジェントル・ソウツ（Gentle Thoughts）**
米国のギタリスト・リー・マック・リトナー（Lee Ritenour）によるセカンドソロアルバム。Direct-to-discレコーディングとしてリリースされた。アーニー・ワッツ、デイブ・グルーシン、パトリス・ラッシェン、アンソニー・ジャクソン、ハーベイ・メイソン、スティーブ・フォーマンが出演している。

第5章
ビルボード事業開始への道

必然的だったブランド変更

2001年、山崎と私は阪神電鉄の久万会長や手塚昌利《てづかまさとし》社長に対して、ブルーノートを離れ、新たな海外ブランドの獲得と展開の必要性を訴えた。新たな海外ブランドの獲得の理由は以下の三つである。

一つ目は、ブルーノートのブランドを掲げている限り、ジャズのイメージから完全に脱することができない。しかも、ジャズプレイヤーのレジェンドたちは衰え、演奏ができなくなったり亡くなっていくという現実に直面していたこともある。これは、私がビルボードライブで幅広いジャンルの音楽を扱いたかった背景でもある。また、この頃にはアメリカ、欧州のアーティストネットワークもでき上がりつつあり、自分たちで自由にブッキングをしたほうが集客できるアーティストを獲得できる可能性を感じていた。

二つ目は、音楽事業で会社を大きくするためには、東京で事業を拡大する必要があると考えていたこと。さらに、ブルーノート東京が他資本だったため、ブランドを変更しないと東京でライブハウスはできないというネックがあった。

三つ目は、足し算のみから掛け算もあるビジネスモデルに変えたかったこと。ブルーノートとの契約内容はライブハウスでの商標使用権だけで、阪神タイガースのようにブランドができて商標利用でCDを出したり商標自体を販売したりといったビジネスの展開ができなかった。また、当時ライブハウスは音楽業界のヒエラルキーにおいては最底辺だった。そのため、招聘するアーティストの日本でのレコード売上状況を確認したくても、レコード会社からは冷たくあしらわれ、音楽産業の中でビジネスを大きくするには、音楽業界のヒエラルキーの最底辺から上がらなければならないとも考えていた。

この三つを理由に私は、ブランドイメージを変更して、ライブハウス事業の全国展開とライブハウスに縛られていたビジネスの横展開をめざしたいと宣言したのだ。

ブランド変更については、阪神電鉄にブルーノートを持ち込んだ立役者の山崎も、ブルーノートとの関係悪化もあってビジネスモデルの限界を感じていた。それに、山崎が当初考えていた大人の官能的な空間を作りたいという念願も、一応は成就したと思ったのかもしれない。鉄道会社の役員の定年は62歳ということも、彼の念頭にはあったはずだ。何より引き際を綺麗にしたい、という男だったから。

長かったブランド変更への道のり

ビルボードとの出会いについては後述するが、確か2003年頃だったと思う。その時には私のレポートラインは山崎が退職したため、後任の宮崎恒彰に移っていた。宮崎は電鉄専務の役職にあり、子会社もいくつか経験し阪神電鉄の中では数少ない経営のプロであったと、私は思っている。当社の担当役員になった宮崎はすぐに私を呼び、すぐにブランドを変更するのではなく、もう少しブルーノートとして経営し、会社の基盤を固めておこうと指示した。

その時は私には、彼の考えが理解できなかったのだが、当時、宮崎は阪神電鉄グループ全体の戦略を考える立場にあり、従来の鉄道や不動産などのように大きく投資して回収するビジネスだけでなく、ブルーノートのように投資は少なくフローで稼ぎ出すというビジネスモデルを拡大するという戦略が頭にあったようだ。そうした戦略が背景にあり、当社も拡大路線を進むとともに私の業務も拡大し多忙を極めることになる。

まず、ブルーノート事業は名古屋ブルーノートへの投資の継続や桜橋からハービスエントへ大阪ブルーノートを移転させることになる。その間に、国内のブルーノートのライセンサーが再び変わるなど、その契約交渉にも時間と労力が費やされた。

また、音楽事業を拡大させることを目的に2002年に阪神ブルーノートは阪神エンタテインメントインタナショナルと合併し阪神コンテンツリンクとなり、2004年に財務体質を強化するために甲子園球場の広告営業をしている会社と合併、山崎と2000年から開始した阪神タイガースの映像制作や販売促進などのコンテンツビジネスの人材強化も進め音楽事業以外の事業も拡大させていった。

その頃には、それらに加えブランド変更の作業も再開。100以上の音楽ブランドを自社でリストアップし、片っ端から国内の商標所有の有無や相手先の調査を始めたのである。(別表)

ブランド変更の最終候補として残ったのが、アメリカで音楽チャートを掲載していた雑誌『キャッシュボックス』、ライブ音楽コンサートホールとレストランのチェーンであった〝ハウス・オブ・ブルース〟、そして、最も権威のある音楽チャートを発表していた『ビルボード』だった。

実は、私たちがビルボードを交渉相手としてアプローチしようとした時、南海電気鉄道株式会社(南海電鉄)が難波駅に隣接した商業ビルの中に「ビルボードライブ」という名のイ

音楽雑誌　WEBサイト

ブランド名	内容	ターゲット
Billboard	全世界で出版されている音楽業界向け雑誌。アメリカを中心にヒットチャートを毎週出している	オールジャンル
LAUNCH	米Yahoo!が展開する新たな音楽サービス。音楽情報を掲載するLAUNCH Mediaと音楽配信のYahoo! Musicのサービスを統合。包括的な音楽関連のコンテンツや機能、情報などを提供する	オールジャンル
Cash Box	ビルボードと同様に音楽チャートを掲載する事で知られたアメリカ合衆国の雑誌。1942年刊行が開始され、1996年に廃刊となった。日本国内でのメディア露出の一つとして、FM情報誌『FM STATION』が1981年の創刊当初から、キャッシュボックス選出の全米のアルバムTOP100とシングルTOP100を、毎号掲載していた	オールジャンル
Rolling Stones	1967年創刊のアメリカのユースカルチャーを伝えてきたメディア。音楽、映画、ゲーム、スポーツなど「未来の エンタテインメント」にまつわる情報やニュースを毎日発信	オールジャンル

音楽TVチャンネル

ブランド名	内容	ターゲット
MTV	アメリカの若者向けケーブルテレビチャンネル。24時間ポピュラー音楽のビデオクリップを流し続ける音楽専門チャンネルとして誕生し、この形態の音楽番組の代名詞的存在	ポピュラー
BET	ブラック・エンタテインメント・テレビジョンの略。アメリカに在住するアフリカ系アメリカ人を対象として放送を行なっているアメリカのケーブルテレビチャンネル。放送内容は、宗教的な番組、報道番組、都市部向けの映画・ドラマ番組に加え、ヒップホップやR&Bの音楽ビデオの放送が多いのが特徴	ブラック・ミュージック
VH1	アメリカ合衆国のニューヨーク市に本部を置くケーブルテレビ・チャンネル。ティーンエイジャーを視聴対象としているMTVに比べ、20代、30代をターゲットにしている。MTVとは姉妹チャンネル	ポピュラー

主なブランド候補

クラブ＆レストラン

（2004年作成）

ブランド名	内容	本店所在地
House Of Blues	全米でクラブ＆レストランを展開、ビッグなアーティストの出演するライブハウスとCDレーベル、コンサート事業を展開	LA
BB Kings cafe	NYで活気があるクラブ、BB Kingとブルーノートオーナーが共同出資で設立	NY

ホール、アリーナ

ブランド名	内容	所在地
Madison Square Garden	マンハッタン区8番街と31-33丁目にあるスポーツアリーナおよび エンタテインメント会場である。2万人収容のスポーツアリーナと、5千人収容のシアターなどで構成されている。当初の建物はマディソン・スクエア公園の北側に建てられたことが、名前の由来である	NY
Carnegie Hall	マンハッタン区ミッドタウンにあるコンサートホール。1891年に創設されて以来、マンハッタンの7番街57丁目の一角を占めるミッドタウンのランドマークであり、古くからクラシック音楽、ポピュラー音楽などのコンサートが頻繁に開催される音楽の殿堂となっている	NY
Apollo Theatre	ポピュラー音楽においてアメリカ合衆国で最も著名なクラブの一つであり、アフリカ系アメリカ人（黒人）のミュージシャンやアーティスト専用ともいえるほど関わりの深い有名なクラブである。マンハッタン区内の黒人居住地区「ハーレム」の125丁目に位置し、毎年130万人が訪れるニューヨークの観光名所の一つ	NY
Radio City Music Hall	マンハッタン区のロックフェラー・センターにある1932年開場、収容人数約6000人のホール	NY
Hollywood Bowl	カリフォルニア州ハリウッドにある野外音楽堂で1922年開場。毎年夏にロサンジェルス・フィルハーモニックの演奏会が行なわれるほか、ハリウッド・ボウル・オーケストラの演奏会も行なわれる	LA

ベントスペースを作ることをプレスリリースしたが、それは、私たちがアプローチをしていた相手とは違っていたもので、ほっとしたことを覚えている。

ブランドリサーチとビルボードとの偶然の出会い

私たちはリストアップしたブランド名の中のいくつかに、直接会社訪問を行なった。特に、ハウス・オブ・ブルースは、クリストファー・クロスの事務所の社長が紹介してくれるというのでロスアンジェルスにいた社長を訪ねたことがあるが、ブランドイメージや投資金額などから考えて断った経緯がある。

ビルボードとの出会いは、本当に偶然であった。

ビルボードのアプローチ先をエージェントなどに必死に確認したが、結果的にはわからないままだった。仕方なくWEBのホームページがあったので顧問弁護士と協議した結果、問い合わせ窓口のメールアドレス To Whom It May Concern 宛に弁護士名で送った。弁護士から送ったほうが真実味があり、先方が会社として扱ってくれるのではないかと考えたからだ。すると、2週間後に話が聞きたいと私のカウンターパートナーとなる副社長のハワード・アップルバーム氏から連絡がきた。

当時、アメリカビルボードのオーナーはオランダに本社を置く巨大メディア企業ＶＮＵであった（現在は Eldrige Industries 傘下の Valence Media がオーナーである）。

しばらくは、アメリカのビルボードとメールでのやり取りになった。先述した南海電鉄のビルボードライブ建設計画は途中で消えてしまうのだが、アメリカビルボードはライブハウス展開の権利に何らかの問題を抱えていたようで、このこともマスターライセンス契約締結までに6年もかかった理由の一つである。

そこで、ビルボードブランドを管理しているＶＮＵとお互いに信頼関係を作り、当社としてマスターライセンス契約を成就するため

ビルボード携帯サイト契約締結時のVNUスタッフ達との記念写真（NYにて）

に、まずはビルボード誌公式モバイルサイトの独占契約を締結して、着メロサイトを一緒に運営することになった。

マスターライセンス契約締結

着メロサイトの事業説明をするために、ニューヨークのVNU eMedia社を訪問して事業を開始したのが2003年のことであった。ビルボードブランドの日本における独占マスターライセンス契約を締結したのが2006年だから、3年もかかってしまったことになる。

その間、先述したように大阪ブルーノートをハービスエントに移転させたが、皮肉にも

カウンターパートナーのハワード・アップルバーム、エリック・ルベンスタイン

収益が20％増となりブランドを変更しないほうがいいのではないかとの声も出たが、我々の考え方はぶれなかった。

長い長い契約交渉の結果、２００６年8月24日付けで、ニューヨーク州に本社を構えるVNU Business Media, Inc. とビルボードブランドの日本における独占マスターライセンス契約を締結した。その時は小菅、萬木と手を取り合い躍り上がって喜んだことを鮮明に覚えている。

マスターライセンスを取得したことで、サブライセンスを締結する権利も得た。

これは、国内でどこかの企業が「ビルボードカフェ」を開業したいと考えた時に、阪神コンテンツリンクがライセンスできるというものだ。また、どこかの出版社が「ビルボー

マスターライセンス契約締結記者会見（大阪）（写真右：宮崎恒彰社長）

ド○○」という専門誌を刊行したいということであれば、そこにも私たちがライセンスしてロイヤルティを得ることができる。ただ、ブランドイメージを下げるような事業に対してはライセンスができないので注意も必要だった。

ここで、改めてビルボードというブランドについて少し触れておきたい。『ビルボード』は１８９４年11月に『ビルボード・アドバタイジング』（Billboard Advertising）の名前でエンタテインメント情報誌として創刊されて以来、１２５年の歴史を持つ。

最初はサーカスの宣伝紙であったそうだ。その後、ジュークボックスやラジオのチャート作りから始め、現在では世界で最も公正で信用できる権威あるチャートとしての地位を

VNUと当社の契約締結の記者会見（経団連会館）

確立している。

アメリカでは『Billboard Hot 100』、『Billboard 200』などのポピュラー音楽のランキングを発表し、テレビ番組やイベントの制作も行なっている。

特に、毎年ラスベガスで開催されているビルボードミュージックアワードは全米放送である。アメリカの音楽愛好者で知らない人はいないブランドだ。

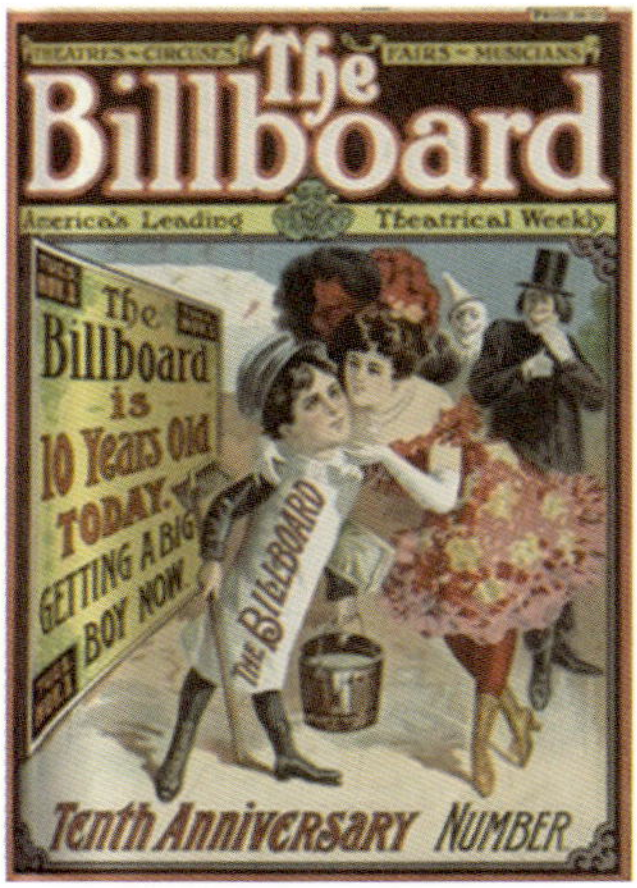

発刊当時のビルボード誌表紙

この頃、在阪のテレビ局とビルボードに対する認知調査を実施した。ランダムに選んだ10代から70代に、ビルボードを知っているかをリサーチした調査だ。

結果は全体で3・5%。40代以上は知っている人はいるが、20代以下の認知度はゼロという厳しいものだった。後には絶対に戻れないが、この結果を心に留めて今後のマーケティングを計画する必要があった。一方、チャートではなく、ライブハウス、特に大人向けのビルボードライブから事業を開始することに関して間違ってはいないと確信をした。

難産だったビルボードライブ東京

偶然といえば、東京ミッドタウンとの出会いもそうだった。

ブランド変更を決めた時から東京進出はマストであるため、ゼネコンや不動産デベロッパーなどとヒアリングを行なった。この時もHPS研究所のネットワークに助けられた。

ある日、東京ミッドタウンのテナントにライブハウスが入るとの記事を見つけた。どの会社がライブハウスを入れようとしているのかが気になり、電鉄のつてで東京ミッドタウンに連絡をし面談を申し入れた。面談の相手は三井不動産の東京ミッドタウン担当の山本隆志部長（現在は三井不動産取締役兼専務執行役員）で、当社の音楽事業展開やライブハウスへの意気込みを説明し、4時間くらい話しただろうか。VNUとは既に交渉をしていたが守秘義務があったため、ビルボードの名前を出せず、「アメリカのすごい音楽ブランドのライブハウス」と交渉しているとしか言えなかった。

後日、ホールの図面が送られてきた。キャパが180席のライブハウスであった。それを300席以上の座席が作れるかどうか社内で検証したところ、400席が可能との確証を得た。その後も、ブランド名を明かせない期間が続くが、山本部長は「信頼していますから、待ちますよ」と言ってくれた。その言葉が本当に嬉しかった。

契約が整い、開業に向けての準備が始まったが、東京ミッドタウンでの工事は難産の連続であった。

まず、もらっていた図面と実際の大きさが違い、座席数が400から300に減席するしかなかった。収支バランスが狂い、一時は出店を諦めかけたが、結局、300席でスタートすることに決め、現在に至るのだが、400席あったら事業収支はもっと楽だったはずという思いは今も消えずに残っている。

次に、音の問題だ。グローバルスタンダードの音質が必要なライブハウスだったため、ステージの背後がガラスで大丈夫かという疑問があった。現在はお店の大きな売りであるガラス越しに見える夜景であるが、当時は真剣にレンガを積んでしまおうかと考えた。

最後までドキドキしたのが、防音・防振の問題である。施工はハービスエント移転工事を手掛けてくれた竹中工務店が引き受けてくれた。既に彼らの技術は実証ずみなので信用はしていたが、でき上がって大きな音を出してみないことには音の漏れや振動の強さはわからない。工事が終わり、店内で大きな音を出しても外にはまったく聴こえないことがわかった時は、関係者と小躍りして喜び合った。

あまりにも難題が多かったため諦めかけたことも度々あったが、「ビルボードライブ東京」

は東京ミッドタウンの全館開業に5カ月も遅れて開業した。私たちを信頼して辛抱強く待ってくれた山本部長はじめミッドタウンのスタッフの方々には、心から感謝している。

一方、工事の間にもオープニングのアーティストと開業日は決めなければならなかった。公演日は絶対に遅らせるわけにはいかない。私たちは工事の進捗状況に気を揉みながらも、運営組織作りやマスコミ回り、アーティストのプロモーション、チャート事業の営業、ビルボードの着うた制作などを同時に進めていた。

この時も私を支えてくれたのが小菅である。「音楽好きな新入社員」だった彼も阪神コンテンツリンクで取締役という重責を担う立場になっていた。大阪ブルーノート開業時とは違い、マーケットはあまりにも大きい。しかし、私も小菅もこの新事業は必ず成功するとの確信があった。

開業アーティスト

開業時に招聘するアーティストは、ブランディングに影響をする。最初に誰が出演するかが、ブランドイメージを決定的なものにするからだ。

そのために、社内で慎重に吟味した。私個人としては、エリック・クラプトン（Eric Clapton）を招聘したかった。大阪・福岡ブルーノートのお客様も引き継ぎつつ、最高のクオリティとロック、ブルース、ジャズなどの音楽要素が入り、何といってもビルボードでワールドワイドになったぞ、というより強烈なメッセージをアピールしたかった。しかし、彼はこの規模のステージには出てくれなかった。もう一人、スティービー・ワンダー（Stevie Wonder）も考えたが、色んな理由で難しかった。

最終的には、ビルボードライブのトップバッターはスティーリー・ダン[*1]（Steely Dan）になった。もちろん、ビルボードライブのスタートに相応しい素晴らしいアーティストだと今も思う。彼らがアジアツアーを組んでいるという情報を入手した萬木が、ブッキングできるように粘ってくれた。その結果、ビルボードライブのスタートを飾るに相応しいクオリティーの演奏が行なわれた。ＣＤと遜色のないライブ演奏である。このような海外アーティストのブッキングは、大阪ブルーノート時代からの経験と実績が大いに役立った。

当時のブッキングの責任者は坂本大（現在、阪神コンテンツリンク執行役員・ビルボード事業部長）で、萬木はロサンゼルス支店に転勤し現地でスタッフを抱えて交渉に当たってくれた。現在はロンドンでブッキングしてくれているが、招聘する手際がずいぶんと良くなった。私がブッキングを始めた頃は、インターネットなどなかったのでタイプライターで英文レターを作成し電話とファックスで交渉していた。

ロサンゼルスにはエージェントが多くいるため、実際に現地に足を運び、食事を共にして顔を覚えてもらっている。エンタテインメント業界では、お互いに人となりを知っているということが非常に重要なのは今でも変わらない。日本という極東の島国の、どこの誰だかわからない人間から電話やメールで連絡があったからといって、アーティストを寄こすようなリスキーなことはできないものだ。

私も、最初にロスのエージェントを回った時に「日本の上場企業である阪神電鉄資本の子会社」と説明したが、先方に「それで、キミにはどんな実績があるの?」と聞かれて、けんもほろろに扱われた覚えがある。先述したように、出演交渉をしたことがないアーティストへはアメリカビルボード誌の編集長からアーティストのマネージャーに連絡をとってもらったりもした。さすがに、かの国ではビルボード誌の知名度と信用は高く、役に立ったと思っている。

ちなみに、今では海外のアーティストのエージェントには、ビルボードではなくHAN-SHINで名前が通っている。

ビジネスで関わる以上はプロでなければならない

私はその後2012年4月から2016年3月まで、社命により4年間電鉄本社に戻ったことがあったのだが、その間、小菅も一時、音楽事業から離れたことがあった。ビルボードの総責任者から、野球事業への担当替えが決まり、ビルボードを離れることになった。

彼はその時、それまで音楽業界人らしく生やしていた髭を思い切って剃っている。

「甲子園球場看板のナショナルスポンサーの方々と、ビジネスのお話しをするのでマズイかなと」

ビジネス上、見た目のリスクになる可能性があると判断した小菅は、阪神電鉄の入社面接を受けた時のことを思い出していた。大学生時代に延ばしていた髪を切り、耳を出した感覚に似ているな、と。

「何か、恥ずかしいやら寒いやらで。ああ、こうやって社会に馴染まなあかんのかな、って思いましたね」

音楽から野球への担当換えは、抵抗があったのではないかと思われたが、本人はそれほどでもなかったらしい。

「基本は一緒ですよ。野球について、懸命に勉強しました」。これは、小菅自身が音楽に詳しかったことで、音楽ビジネスを楽しみながらも成果を出せた体験に基づく。

「音楽に詳しかったから、音楽を語れたし、仕事にもできました。だから、野球ビジネスに取り組むにあたって、野球ファンと対等に話ができないといけないと思ったのです」

小菅は、野球選手の経歴や試合歴について改めて勉強し直している。

「野球をまったく知らなかったわけではありません。よく観戦していましたし、子どもができてからは甲子園に連れて行ったりしていましたから」

しかし、ビジネスで関わる以上はプロでなければならない、と。そして、こう言葉を結んだ。

「50歳で音楽ビジネスをしなければならなくなった人にアドバイスをするとしたら、聴きまくれとしか言いようがありませんね」

ビルボードライブ3店舗開業

私は経営で迷った時は、アレン・B・ボストロムの著書『イン・ザ・ブラック』を読み返すようにしている。その中には、継続的に黒字の会社を作るための基本が書かれているからだ。その要点は、以下の通り。

経営とは顧客の創造であり（by P.F.ドラッカー）、企業の成果と寿命は、商品の問題×マーケットの問題×組織の仕組の問題×人の問題の掛け算で決まる。

そのためには経営理念が必要で、これは「ミッション（役割や使命）」、「ビジョン（会社をどのようにしていくかという具体的計画）」、バリュー（共通の考え方や価値観＝不偏のもの）」から構成される。

さらに、黒字会社に必要な三つの機能「マーケティング」、「プロダクション」、「アカウンティング」のＭＰＡを相互作用させる。

２００７年の夏、ビルボードの名を冠した、ジャンルに囚われないクラブ＆レストランである「ビルボードライブ」を東京・大阪・福岡で同時期に開業することになった。ロスにも支店を作った。マーケティング計画を立案し、スタッフを採用しブッキング、プロモーション及び営業が重なり始めたオープン３カ月前くらいからは本当にしんどくなっていた。

東京では新たな幹部を雇用し、大阪・福岡の幹部とどういうブランディングにするかを徹底的に討論した。今後は業界の中心である東京が本店になるので、まずは東京店のブランディングの検討を始めた。「上質」、「洋楽」、「大人」、「グローバル」等々、いろんな言葉が飛び交った。最終的には、後述するブランドアイデンティティになるのだが、これが3店舗経営で苦しむ原因になった。

東京のマスコミの数は、大阪にいた私には想像を超えるものだった。そして、何よりも東京には阪神電鉄グループの企業がほとんどなく、営業の紹介も少ない。そんな時にもHPS研究所のつながりは心強かったが、東京でのブランディングは時間がかかると残念ながら思わざるを得なかった。

一方、大阪はハービスに移転後、成績は絶好調だった。もちろん、ビルボードライブにブランドを変更しても集客は落ちないと確信していた。しかし、二つの理由で開業と同時に集客は大きく落ち込んでしまったのである。

一つ目は、契約上ブルーノートの名称を一切使わずにビルボードライブに切り替わったことを告知せねばならず、馴染みのお客様にとってもブルーノートが閉店してビルボードライブというまったく関係のない店がオープンしたように思われてしまった。古くからのお客様にもDMを送ったが、DMにもブルーノートの名前は出せなかった。

二つ目は東京のブランディング確立を最優先したために、東京のマーケットに即応するアーティスト選びを行なったため、大阪と福岡のブルーノートファンには「変わっちゃったなぁ」という感想や評判が先に立ってしまったのである。

その結果、ビルボードライブ大阪は大阪ブルーノート開業時よりも大きな赤字を出してしまったのだ。私には20％のお客様が離れてしまった感があった。それを立て直すことにも苦労し、事業収支に対するプレッシャーに苦悩する日々が続いた。

当時、私は全社の営業本部長としてビルボード事業以外の全事業を統括していたが、立て直しのためビルボード事業に専念するようになり、小菅、坂本たちと事業収支を改善しながらブランドを確立する施策を毎日検討した。

施策の一つ目は、アーティストジャンル（商品）の問題への対応である。東京は頑張って洋楽を中心に1年目のブランディングを継続し続ける。大阪、福岡はブルーノート時代のアーティストをもとに戻した。特に、福岡は地元のライブハウスとも協業するなど、地元志向も付加した。

二つ目は、マーケットの問題。ブルーノート東京や他のプロモーターに勝てるように、海外支店や国内アーティストのブッキングに関わる人数を増やし、アメリカビルボードからアーティスト事務所を紹介してもらいながら決定時期と特に公演日数の適正化を進めていった。

三つ目は、組織の仕組みの問題。これが一番やっかいだった。ブルーノート時代は大阪、福岡と事業も小さく、私と小菅でマネジメントし管理することができた。チャートなどコンテンツは電鉄から出向している橋場が統括していたが、3店舗になると二人では見きれなくなったのだ。

四つ目は、人の問題。三つ目と連動するが、マネジャーを十分に育成できないままの体制で東京やコンテンツビジネスが加わったためマネージャークラスの人材が不足した。人材の育成には時間がかかる。大至急で月次報告体制を作りPDCAを遂行することで、マネジャー育成に取り掛かった。

この業務で一番活躍したのが、ブルーノート開業後3年ほど経って20歳で電鉄本社の経理から出向してきた宮脇淳である。彼は、経理の伝票作成段階からライブハウス事業の数字分析ができる仕組みを作り、痒いところに手が届く経営分析の仕組みを作っただけでなく、マネジャーと一緒に分析することで教育を進めてくれた。現在は全事業の月次検証のPDCAは彼を中心に回っており、経営判断時には欠かせない人材である。

いうまでもなく、事業は以上の四つの掛け算で決まる。宮崎社長も相当心配したと思うが、電鉄本社からのオーダーは宮崎が壁になってくれ、我々は事業育成の現場に専念することができた。

収益悪化に耐えながらも、スティーリー・ダン、ローリン・ヒル（Lauryn Hill）[*2]、ザ・ビーチ・ボーイズ（The Beach Boys）、バート・バカラック（Burt Bacharach）[*3]、ハービー・ハンコック（Herbie Hancock）[*4]、ジョージ・クリントン（George Clinton）[*5]、ジミー・クリフ（Jimmy Cliff）[*6] などクオリティーの高いビッグアーティストを招聘し続けたことで、東京のブランドイメージを向上できた。

その結果、井上陽水を皮切りに、邦楽のアーティストの出演するステージも増え、ブランドを守りながら徐々に国内アーティストの比率を上げていった。ビルボードブランドは40代以上の大人たちに知名度があったことは既に述べたが、40代以上のクオリティーの高いアーティストの公演はブランディングに効果的だった。

東京でも大人の官能的な空間ができてきた。しかも、ライブというのは情報発信力が高い。毎日異なるアーティストが出演することで、ニュース性が高くマスコミも取り上げやすいし、ライブを楽しんだ観客もネットで発信しやすい。ブランドを作るためには時間がかかると覚悟はしていたものの、実に長かった。

そして、開業10周年で桑田佳祐のステージが実現したのである。

苦労の開業4年間

ビルボードライブは初年度に大きな赤字を出し、その後2年間ほど赤字が続いた。大阪の落ち込みはすぐに回復したが、リーマンショック、東日本大震災の影響による東京の落ち込みは大きかった。しかし、私や小菅には大丈夫だという自信があった。

大阪ブルーノートの立ち上げのほうが、ショービジネスに対して未経験なまま手探りで終わりの見えない仕事をしていたため苦労をした。それでもやり遂げていたという自信があった。まして、東京のマーケットは大きい。また、ジャンルも広げている。

とはいえ、黒字になるまでは、かなりしんどい日々が続いた。それでも、大阪ブルーノート立ち上げよりも経験値が高まっていた分、何とかなるという思いは揺るがなかった。

ただ、大阪の時と異なったのは、チャートビジネスなどコンテンツ事業も同時に立ち上げなければならなかったことだ。ここで掛け算のビジネス展開ができなければ、ビルボードにした意味がない。アメリカからのプレッシャーもあった。ところが、アメリカのチャートを持ち込んでも売れなかった。アメリカのチャートが売れれば利益率が良いのだが、思っていたほどニーズがなかったのだ。

後述するが、チャートビジネスは2010年にアメリカのビルボードがApple社からiTunesの全世界におけるダウンロードデータを取得できるようになったことを転機として注目されることになる。

私たちはライブハウスを運営しているのではない

ところで、私たちは大阪ブルーノート時代から現在のビルボードライブまで、「ライブハウス」という言葉を使っていない（本書では便宜上使っているところがあるが）。私たちが運営しているのは、あくまで「クラブ&レストラン」なのだ。

現在のビルボード東京と著者

我々は、あくまでアメリカのモデルを継承しておりコンセプトの違いもある。アメリカでは40ドルほど出せば見られるジャズアーティストの演奏は、日本に来ると約2・5倍の1万円を超える。ライブハウスに入り浸っているような20代の若者には払えない。また、1万円を超えるようなステージなら、ポテトチップスとホットドッグではホスピタリティーが維持できない。一定以上のレベルのレストランとしての食事を供する必要がある。となると、客層も40代以上の音楽通、食通ということになる。このクラスの客層には、大人が楽しめるエンタテインメント空間を用意しなければならない。20代の若者が、音楽を聴きながらビールを飲んでホットドッグを食べていれば楽しいというレベルとは一線を画すのだ。

ニューヨークの夜景をイメージした空間で、「今日は何を着ていこうか」と悩むことを楽しめる空間。つまり、私たちが運営するクラブ&レストランは、ライブハウスとは客層が異なり、極上の音楽を愛する人達が集まる空間、クラブ&レストランを運営していると思っている。

この箱もののビジネスというのは、箱のキャパが上限となる。そこで、ビルボードライブで確立したブランドイメージと知名度を利用しつつ、チャートビジネスや、ビルボードクラシックス、番組やＤＶＤ・ＣＤ制作といったビジネスへの展開を進めていくことになった。

特に、公演収録は直接的な収益を狙うというよりは、ＷＯＷＯＷやＮＨＫなどの上質感を保てる媒体に絞ることがブランド力を高めることに寄与する。また、箱のビジネスからチャートビジネスに展開したのは日本で私たちだけだという強みを感じている。つまり、箱というリアルな演奏の現場から、チャートというデータのビジネスまで広げたことになる。

私は、VRやARなど、どれほどデジタル技術が発達しようとも、生の演奏を体感できる空間や一流アーティストと共有できる時間を体験できるライブという音楽の楽しみ方は、絶対になくならないとみている。このことを、小菅は旅行に喩えた。

「私たちは、日本中の観光地や世界中の観光地の映像を家に居ながらにしてテレビやDVD、ネット動画で見ることができます。また、物産展に行けば、各地の名物を食べることもできる。でも、旅行という楽しみ方はなくなりません。やはり、その場に出向いて体験しなければわからない楽しさがあるからです。北海道料理は北海道で食べたほうが美味しいし、バドワイザーはアメリカで飲むほうが美味しいんですよ」

ビルボードのコンテンツ事業

ブランド変更の主目的である掛け算のビジネスの一つが、この事業である。

当時は阪神タイガースのコンテンツビジネスのベースを私と一緒に立ち上げ、現在は子会社のP&P浜松の社長も務めている橋場浩と礒崎誠二が担当していた。

ビルボードライブの開業と同時に、Billboard-japan.comを開設し、ドワンゴと携帯サイトで音源の販売をし、ビルボードライブでの音源や映像の制作販売を始めた。また、テレビやラジオの番組制作などでも様々な企業と提携を進めていった。しかし、大きな利益を期待していたアメリカチャートの販売は不振で、CD販売とラジオのデータを集めたビルボードジャパンチャートの構築を2人は進めることになる。そして、私たちが独占マスターライセンス契約に基づきビルボードのチャートを日本でも発表できるようになったのは、アメリカ以外では2007年のカナダに次いで2カ国目だった。

当時、日本で音楽のチャートといえばオリコンで、ビルボードは見向きもしてもらえなかった。一方、日本版ビルボードのチャートは、2008年の時点ではCDの売上げ枚数にラジオでの放送回数を加味して作成されていたが、メディアが多様化する時代の変化に合わせて集計データの種類を増やしたいというのが、礒崎の考えだった。

橋場は買収した子会社の社長に就任するため、このコンテンツ事業は礒崎が中心に構築することになった。サウンドスキャンジャパンを事業譲受しCDデータ収集を厚くし、2018年時点では、ダウンロード数、ストリーミング、ルックアップ数、ミュージックビデオ、Twitter、カラオケが集計された値に米国ビルボードの許諾を受けた計数を乗じてポイント化して合算された複合チャートとなっている。つまり、音楽が利用されているメディアの多様化に合わせて進化したチャートを作成したのである。

このチャートは様々な媒体に提供されており、現在では、日本レコード協会加入のほぼすべてのレコード会社に購入してもらえるようになり、複合音楽チャート解析サービス『CHART insight』が法人や個人向けに有料で提供されている。この事業の詳細は後述する。

ちゃんと後継者を考えているDee坂本

先述したとおり、ブッキング業務に関しての私の後継は山崎と相談しながら決定したが、坂本は密かに後継を選んでいたようだ。

ビルボードライブも国内アーティストが増え、あの坂本も50歳近くになっているので、私同様、限界を感じていたのかもしれない。大阪ブルーノートではアルバイトでホール業務を経験し、名古屋ブルーノートでマーケティング、アーティストリレーション、ブッキングを一人でこなしていた長崎良太が退職したことを聞きつけ、自分の後継として育てている。

現在、東京のマーケティング、アーティストリレーションズ、ブッキング、音楽イベント販売をこなしビルボードライブ事業の中核として欠かせない人材になっている。この業界、能力があっても癖があり人間としての欠点がある人材が多い中、長崎は奥が深く、業界での信頼が厚い。私は追認することになったが、そのあたり坂本は抜け目がない。

＊1　スティーリー・ダン（Steely Dan）
1972年、ドナルド・フェイゲンとウォルター・ベッカーを中心に結成。デビュー当初はバンド形態だった。1976年には2人のユニットになるが、ゲストを迎えて「彩（エイジャ）」など、究極のポップ・ミュージックといえる作品を制作。1981年に活動停止。ソロ活動を経て、2000年に20年ぶりの新作を発表した。

＊2　ローリン・ヒル（Lauryn Hill）
1975年5月25日生まれ。米国ニュージャージー州出身。元は女優として活躍していたが、フージーズのメンバーとして音楽界でデビュー。1998年にソロ・アルバム「ミスエデュケーション」をリリース、同作は世界中で1200万枚を売り上げるビッグ・ヒットとなった。ヒップホップやR＆Bの枠にとらわれない作品を発表している。

＊3　バート・バカラック（Burt Bacharach）
1928年5月12日生まれ。米国カンサス・シティ出身。作曲家。1958年から作詞家のハル・デヴィッドとのコンビで作曲に専念。1960年代前半から1980年代にわたり、ジーン・ピットニー、カーペンターズらに多数の名曲を提供。軽快でソフト、親しみやすくメロウな旋律のポップスが特色。代表曲「小さな願い」、「雨にぬれても」など。

＊4　ハービー・ハンコック（Herbie Hancock）
1940年4月12日生まれ。米国シカゴ出身。ジャズ・ピアニスト＆アレンジャー。トランペッターのドナルド・バードに才能を認められ、1961年にニューヨークへ進出。1963年にマイルス・デイヴィスのバンドに抜擢され一躍有名になる。1970～1980年代には独自のブラック・ミュージックを展開して話題となった。代表作は『処女航海』。

＊5　ジョージ・クリントン（George Clinton）
1941年7月22日生まれ。米国ノース・カロライナ州出身。1970年代からファンクの古典・〝パーラメント〟、〝Pファンク・オールスターズ〟などを率いて、ファンク帝国を築いた〝Pファンク〟の中心人物。代表曲の「アトミック・ドック」がヒップホップのサンプリング・ネタとして大流行。現在進行形のファンクを作り続ける。

＊6　ジミー・クリフ（Jimmy Cliff）本名：ジェイムス・チェンバース
1948年4月1日生まれ。ジャマイカ出身。レゲエ・シンガーの重鎮。1968年発表のファースト・アルバム「ハード・ロック・トゥ・トラベル」がヒットを記録し、1985年、アルバム「クリフ・ハンガー」でグラミー賞を受賞。ボブ・ディランをして〝最高の反戦歌〟といわしめた「ベトナム」など、社会派的な一面も持ち合わせている。

第6章

ビルボードのブランディング

日本では知名度が低く、ブランドもなかったビルボード

当社の事業ドメインは、「ブランド&メディア創造カンパニー」。エンタテインメント・スポーツなどのコンテンツ事業（ライブ事業）を自ら行ない、価値を高め、グループ所有のメディア、サービスにノウハウを付加し、新しいコンテンツ商品・サービスをデザインし、お客様に提案する。つまり、利益を上げるだけでなく、ブランド重視なのである。

今でこそ、ビルボードは音楽業界や愛好家の中で知名度は高まり、ブランドも成長したが、私たちが独占マスターライセンスを取得した頃は、それほど注目されていなかった。

先述したように、一般の40歳以上のごく一部の洋楽好きは知っているが、30歳以下の人はほぼ100パーセント何の名前かも知らず、音楽業界の人はその名は知っていてもブランド価値を感じていなかった。アメリカではトップブランドのビルボードも、日本での知名度はこの程度だったのだ。このことから、ブランドアイデンティティを定め、ブランドが確立できるようアーティストブッキングやプロモーションを行ない、社員からアルバイトに至るまでブランド創りの大切さを指導した。そして、一般の音楽愛好家にはライブで、音楽業界へはチャートのブランドを創り浸透させて行った。

ビルボードのブランド・アイデンティティ

ビルボードジャパンが包括し、ビルボードライブはジャパンの一部のブランドとしてのアイデンティティを決定した。そして、この事業を始めた当初の理念〝いい音楽を紹介する〟をベースに信頼を得た独自の視点で、オンリーワンの音楽ブランドをめざすことにした。

以下に「ビルボード・ジャパン」とその一部である「ビルボードライブ」のブランド・アイデンティティを記した。参考までにご一読いただきたい。なお、ビルボードライブのスタッフにはクレドとして全員に配布している。

ビルボードジャパン

コアバリュー

（1）音楽

音楽は、人々に喜び、悲しみ、癒し、夢や感動をもたらす、アーティストからのメッセージです。ビルボードは、多くの人々に支持される音楽を様々なメディアを通してお客様を心豊かにすることをめざすブランドです。

（2）グローバル

当社は日本も含めたグローバルな音楽をお客様に提供するとともに、日本と世界の音楽文化の架け橋になるよう努力します（ビルボードマガジンは世界中の100以上の国々で読まれており、ビルボードミュージックアワードは、アメリカの4大音楽受賞祭のひとつとして確立され、全米を中心に世界各国において視聴されています）。

（3）信頼

ビルボードは、リアルタイムなマーケット状況を正確に反映した音楽情報を発信し、世界の音楽業界やファンから信頼を得た、100年以上の歴史のあるブランドです。当社はビルボードブランドの信頼を深め、その信頼に応える事業をおこないます。

（4）情報発信

ビルボードの音楽情報は、トレンドをあらゆる角度から分析、評価したものです。当社は、多種多様なメディア（雑誌、Web、モバイル、TV、ライブなど）において情報発信します。

コアメッセージ

Billboardは、信頼を得た独自の視点で、オンリーワンの音楽ブランドをめざします。

コアパーソナリティ

（1）誠実な人

信頼を得るための絶対条件だから。

（2）国際人である人

世界と日本の音楽文化の架け橋になるために、国際人になる必要がある。

（3）パイオニア精神を持つ人

日本において、Billboardブランドは、再上陸となる。つまり、すべてを最初から開発していく必要があり、パイオニア精神を持って努力しなければならない。

（4）センスのある人

すべての音楽分野において№1になるためには、デザインに対するセンスだけではなく、事業や人間的なセンスも必要とする。

（5）権威のある人

権威は、人をひきつける。お客様は自発的にこのブランドに注目することになり、情報発信はしやすくなる。

ビルボードライブ

コアバリュー

（1）独自のホスピタリティ（お客様重視）

お客様が来店されるまでにもたれる期待に負けない満足と余韻を感じていただけるよう、ライブの内容、温かいサービス、お食事・お飲み物にいたるまで、他のクラブ&レストラン以上のホスピタリティでお客様をお迎えします。

（2）グローバルで上質な音楽

ビルボードライブがセレクトした、国際的に支持されている、上質な、大人のための音楽を、ライブでお届けします。

（3）ここにしかない特別な空間

身近にありながら、非日常的なあこがれの空間であり、感動や幸福感、安らぎや癒しを共有できる、お客様にそれぞれの特別な思い入れをもっていただける空間です。

コアメッセージ

私たちは、Billboardブランドのもと、お客様が極上のライブを体感できる空間（クラブ

&レストラン）をつくります。

パーソナリティ

（1）信頼できる

お客様を迎え、お客様に喜んでお越しいただくために、最も基本的で大切な性格だから。

（2）おもてなしの心をもつ

ビルボードの他の事業にはない、お客様と直接向きあうライブ空間であり、お客様に喜びと感動を与え、期待感やあこがれを持ってもらう空間だから。

（3）センスのある

上質なお客様や、非日常的な空間にあこがれをもって来店されるお客様の、特別な大人の遊び場であるから。

（4）オリジナリティあふれる

競合他社にはない、独自の感性とホスピタリティをもつ空間であるから。

（5）国際人

ブランドがアメリカ発のものであり、グローバルで上質な音楽のライブを提供する空間であるから。

ビルボードライブを支えた阪神コンテンツリンクの他事業

私たちがブルーノートからビルボードにブランド変更をした理由の一つに、この世界的ブランド名が海外のアーティストのブッキングに有利に働くということがある。そして、公演できる音楽のジャンルの縛りもなくなったため、マーケットが一気に大きくなった。さらに、チャートを提供する側に立ったことで、音楽業界の仲間入りをさせてもらうことができた。念願だった音楽業界のヒエラルキーが、徐々に上がったのである。

何度も書いてきたようにビルボードライブは開業初年度に、大きな赤字を出した。当時の社長だった宮崎にとって予想以上の赤字額であったと思うが、彼はこのようなスタートにも耐えうる会社作りをしておいてくれた。そのおかげで、私たちは怯まずにビルボード事業のブランディングを推し進めることができたのだ。宮崎は、株式会社阪神タイガースの元・オーナー兼代表取締役・取締役会長であり、阪神電鉄の専務取締役でもあった。

阪神コンテンツリンクはビルボード事業の他に、甲子園球場の広告媒体を独占的に販売する権利を持ち、阪神タイガースのカレンダーの制作販売などのコンテンツ事業、試合の中継番組の制作、阪神グループの広告代理店業務やゼネコンからのサイン工事をデザインから施工までを一貫して請け負うサイン制作事業などのビジネスを行なっており、これらの利益がビルボード事業の大きな損失から阪神コンテンツリンクを支えた。

現場で走り続けたのは私たちスタッフであるが、大阪ブルーノート時代から山崎がベース作りを行ない、宮崎が完成させた事業である。宮崎の存在があったればこそ、現在のビルボードライブがあると思っている。

ビルボードライブがオープンした直後にリーマンショックが起き、4年後の2011年3月11日に東日本大震災が発生した。東京だけでなく、日本全体がその被害の甚大さに深く心を傷めた。飲食業にとっては厳しい経営環境となり、東京・大阪ビルボードライブともに黒字化が1年遅れたが、会社全体としてはしっかりと利益を出せる基盤ができあがっていた。

東京進出でわかったこと

東京進出は、私たちにとって大きな勝負だった。

東京ミッドタウンという豪華な立地にビルボードライブを開業する、と思うだけで心が震えた。しかし、不安はなかった。不安よりも「やらなあかん」という気持ちがまさっていたからだ。

私自身の生活拠点も、大阪から東京に移った。「ビルボードライブ東京」のオープン4カ月前には、平日は東京で土・日が大阪という生活パターンになっていた。こういう時、気になるのが家族の反応だ。私の家族は妻と二人の子どもで、長男は大学に、長女は高校に入学する頃だった。子どもたちにとっては学生生活の節目という、大事な時期である。

大阪ブルーノート時代の私は、上司の山崎に「家庭が崩れていると、いい仕事はできないぞ」と、口を酸っぱくして言われていた。それで、週1日は家族と過ごすように心掛けた。しかし、長男が産まれた1990年は大阪ブルーノート開業で、子育ては妻がほぼ一人で行ない、重ねて私の両親の世話やPTA役員までこなしてくれた。私なりの子育てとしては、アーティストのピックアップに向かう車の助手席に長男を乗せて空港に行くことぐらい。今でも、当時から付き合いのあるアーティストとは長男の話になる。

もっとも、東京進出の頃には子どもたちも大きくなり、父親とはあまり一緒にいたがらないようになっていたと思うし、成長したということだろう。それでも、子どもたちは父親の仕事の影響を多少なりとも受けているようだ。息子は生意気にもクオリティーの高い音楽しか絶対聴かず、娘はK‐POPが好きでダンスもしている。仕事関係でPOP系アーティストのコンサートにご招待していただくことが多かったので、娘をよく連れて行った。BIG-BANG、a-nationなど。その点、娘は一番うまい汁を吸っていたように思う。

夫が気兼ねなく仕事ができるような家庭環境をつくってくれた妻、父親の音楽好きを理解している子どもたちには心から感謝している。

東京進出は、私だけでなく、多くの仲間が生活環境を変えることになった。しかし、それに不満を言う者はなかった。むしろ、東京進出という大きなチャレンジに無我夢中で取り組んだというべきだろう。

当時のことを、小菅と話をした。彼は東京に出て来なければ分からなかったことがある、と言った。

「ボクは東京で7年間働いてきましたが、この体験は良かったと思っています。東京にいると、大阪の情報ってまったく入ってこないんですよ。大阪って、もっと存在感があると思っていたので意外でした」

東京に来てからは、「大阪ではどんなアーティストが活躍していますか?」という質問すら受けたことがないのは驚きだったと、彼は言った。

東京の人たちは、大阪の人たちが想像できないほど大阪に興味を持っていない。特に音楽業界はそうだ。

「音楽ビジネスは、東京で完結しているんです」と、彼は言う。

「大阪の人たちは、関東とは違うぞ、っていうところで盛り上がれるんです。ところが、その盛り上がっていることが、関東圏にはさっぱり伝わっていない」

例えば、大阪や福岡から人気アーティストが出て来ることがあるが、これも実は出身地は関係ない。

「大阪だからとか、福岡だから、というわけではありません。いいものを持っているアーティストだから、ということで脚光を浴びるんです」

そして、大阪にいた頃は、小菅も坂本も、なぜ東京で認められないのかと不思議に思っていたという。「それを、悔しいと感じていました。ところが、東京に出て来るとわかるんです。ああ、ここで完結しているんだな、と」

一方で、東京圏はビジネスがしやすいとも感じているという。

「動くお金がでかいですからね。体感的には大阪の10倍です。ドカーンと出してもドカーンと回収できてしまう。これを体感しちゃうと、やっぱり東京が日本のビジネスの中心なんだと認めざるを得ないですよ」

この小菅の感覚は、私も他のメンバーも感じている。だから、音楽ビジネスのヘッドクオーターもすべて東京に置いているのだ。

「大阪ブルーノートを始めた時は、関西から世界に文化を発信するんだくらいの気持ちがありました」。小菅だけではない。山崎もよく「東京を飛ばして大阪からニューヨークに文化を発信するぞ」と、言っていた。

実際、大阪のアーティストで東京を無視していきなりニューヨークをめざす人たちは多い。これは、裏を返せば、大阪から働きかけても東京には響かないということだ。

ビルボードライブのもう一つの顔

ビルボードライブの主役は普段はアーティストであるが、以前にお店での思い出をお客様から募集したことがある。たくさんの思い出を頂いたので一例を披露したい。

「ライブの良さを教えてもらった」、「ライブで人生の潤いをもらえた」、「会社での嫌なことをライブは忘れさせてくれる」などライブ編。

「アーティストと写真が撮れた！夢見たい」、「アーティストにステージに上げてもらえ抱擁してもらえた、1週間お風呂に入りませんでした」などのアーティスト編。

「ビルボードライブへ一緒に来店したことがきっかけで交際に発展した」、「失恋をしたけどライブで元気づけられ再び恋愛をする元気が出た」、「ビルボードライブでカーテンが開いたときにプロポーズして成功した」などの恋愛編。

「ホステスさんにビルボードに行こうと誘うと必ずＯＫがもらえる、本当にいいもん作ってくれた、ありがとう！」などの不倫編。

一番感動したのが、たまたまビルボードライブに別々に来ていた二人がテーブルで隣同士になり、それをきっかけに交際に発展し、ついにはビルボードライブで結婚式をあげたお客様もいらっしゃったことだ。普段は極上のライブと空間を創ることしか考えていない私たちだが、お客様の人生の１ページを創っていると実感し感動をいただいた。

第7章

ビルボードクラシックスで
社会との関係性を構築する

ビルボードクラシックスの立ち上げ

会社や経営者によって考え方は違うと思うが、私は会社員には2種類あると考えている。1つは事業を創れる人材、もう1つは協力し合って利益を守るために働く人材だ。事業を成功させるにはその人材のバランスが必要だが、会社を大きくするには事業を創れる人材が必要である。

しかし、事業を創れる人材は非常に少ない。阪神電鉄で新規事業の責任者をしていた頃の私の感覚では、100人に一人くらいではないかと思っていた。

事業を創れる人材とは、普段の生活の中でしっかりネットワークを作り、営業力、交渉力が身についた人のことに他ならない。しかし、このような意識で生きている人は、なかなかいない。仲良く仕事をして利益を守っていける人はいっぱいいるが、事業を創っていかなければいけないポジションは尖がった人間を入れないと事業は大きくならないからだ。

ビルボードライブが黒字になり始め、何か新規事業を立ち上げる必要が生じた。当社の強みを活かしつつ、ビルボードライブの箱の外側で何かを始められないものか、と。それには、事業を創れる人材を配置しなければならないというのが、私の考えだった。

適任者がいた。ビルボードクラシックスのプロデューサー恩田健志は、まさしくそういう貴重な尖った人材だった。

恩田を知ったのは、テレビ大阪にいた彼のお兄さんと私が25年来の知り合いだったことにある。お兄さんとは音楽興行を共同で実施していたので、かねてから、弟の能力についてはよく聞いていた。

ビルボードクラシックスとは、当社が2000人規模のクラシック専用ホールを借りて、地元のオーケストラと、主にJ‐POPの実力派アーティストとのプレミアムコンサートを中心に年間50公演ほど実施し、年間10万人以上の全国の音楽ファンの方々に楽しんでいただいている事業である。

ただ、オーケストラがある地域が限られているため、これまでのところ東京と大阪、名古屋、西宮、福岡、札幌といった大都市に限定されている。

ビルボードクラシックスは事業開始から3年目の2012年、玉置浩二と出会ったことで、軌道に乗ることになる。そして、現在は全国50公演以上、売上10億円以上になっただけでなく、新しい文化を情緒的に創出し、ブランドを創造できるまでに成長した。

ビルボードクラシックスの可能性

ビルボードクラシックスはお客様を満足させるだけでなく、アーティストにとっての満足感も高めるコンサートにしたいと考えている。

新聞などの大きな紙面でビルボードクラシックスを大々的に宣伝し、お客様への訴求の効果とともに、その公演に出るアーティストにとっても満足度が高まる。そうして、アーティストが私たちと一緒に仕事をすることの価値を発見してもらうことを大切にしている。

例えば、玉置浩二の公演で広告を横尾忠則先生に依頼した。大変な金額がかかったが、音楽とアートが融合することでビジネス的な効果と、アーティストにとっても創作意欲や満足感を得られるという効果が生まれた。

また、オーケストラと共演したＡＳＫＡの「復活コンサート」でも朝日新聞に後援に入ってもらうことで、社会部が社会事象として記事にし良質なメディアの役割を担ってくれた。そこにＮＨＫの報道部も取材に入り、ニュース９で20分ほどの特集にしている。

このことでスキャンダラスなメディアが近づけなくなり、ＡＳＫＡの復活公演が実現した。ASKAにも感謝され、そこまで深く考えて事業を組み立てるビルボードクラシックスのメンバーは音楽界にとっても貴重な人材と自負している。

ビルボードライブがあり、チャート事業があったが、さらにビルボードのブランドを使った新しいビジネスを立ち上げることでビルボードブランドの底上げをする……それがもう一方のビルボードクラシックスのミッションだ。

ビルボードクラシックスのマーケットには、男女とも50代の方が多い。1990年代の音楽と生活が豊かだった時代を体験したこの年代の方々は、その体験をもう一度確認したい、楽しみたいと思っていると確信していた。

例えば、そこには90年代にミリオンセラーを出した玉置浩二や藤井フミヤなどのアーティストのマーケットがある。この世代の方々がもっと音楽をかみしめたいというニーズがあるはずだ、ということを、レコード会社やメディアの人たちとの会話からも汲み取った。そこで、そのニーズにマッチした新しいコンテンツを作ることが、新しいビジネスになり、自分達のやりたかったことにも重なる。

オーケストラ公演というものは結構ある。ただ、ソリストがいて、オーケストラがいて、ホールを設定して編曲する、といった総合芸術の要素をもった公演をブランド化して行なっている組織はなかった。

そこに、ビルボードクラシックスの差別化を見出した。しかし、オーケストラを含む公演は、照明や音響などの構成要素も含めて準備に時間がかかる。当然、費用もかかる。しかも、スカラ座で公演されるオペラのように5～6万円といった料金を設定するのは難しい。よくて1万円前後なのだ。収支を合わせるために、公演数の規模を一定以上にすることや、オーケストラやアレンジャーにも協力してもらうことが必要になってくる。

このように、あらゆる面での工夫を行なうことで、事業が成り立つように計算している。しかも、メディアや協賛、スポンサー企業との連携があって初めて成り立つコンテンツという考え方の延長として、ビルボードクラシックスではＢtoＰという戦略も積極的に取り入れている。ＢtoＰのＰはPublicだ。つまり、地方の自治体にビルボードクラシックスというコンテンツを購入していただく。

そうすることで、当社のファイナンス上のリスクをなくしながらも、自治体は県民や市民の方々に新しくて上質な音楽コンテンツを提供できる。既に富山や横浜、千葉、熊本などで「ビルボード・クラシックス・フェスティバル」という音楽コンテンツを提供してきている。このＢtoＰスタイルの事業は、今後のビルボードクラシックスの展開で重要になると思っている。

また、協賛の場合は企業となる。これまでにメルセデス、フォルクスワーゲン、大和ハウス工業といった大手企業が協賛してくれている。これも今後、ビルボードクラシックスの収益を安定させる重要なビジネスモデルとなる。

これらの協賛企業のターゲット層とビルボードクラシックスを楽しめるお客様の層はほぼ一致する。50代以上で、何事にも品質の高さを求める層だ。そのため、協賛企業にとっては、自社のターゲットに対する企業イメージを高めることができるメリットがある。

音楽で社会との関係性を築く

ビルボードクラシックスの意義は、音楽が社会とどのような関係を作るのかということのプロセス。例えば、オーケストラと当社の関係、ホールと当社の関係、他社と当社の関係、アーティストやお客様との関係……。

これらの関係を、音楽を媒介としてどのように作っていくのかというプロセスが、ビルボードの仕事だと考えている。その実証の一つが、世界遺産の薬師寺でビルボードクラシックスを公演していること。

ビルボードライブは音楽ファンとの関係を作るプロセスだが、薬師寺でビルボードクラシックスを公演することは、今や地域や社会、歴史との関係を作るプロセスになっており、薬師寺での公演には3日間で1万人の方が来場する。つまり、ビルボードクラシックスとは、社会との関係を維持したり考えたりする仕事である。

また、オーケストラの運営は財政面で厳しい面がある。しかし、ビルボードクラシックスという活躍の場が増えることで、わずかながらも財政面での底上げに繋がるのではないか。

他にも社会との関係性を考えさせられるケースがある。例えば、サントリーホールや東京文化会館、あるいは新国立劇場などは、実は世の中のほとんどの人が行ったことがない。ちなみに、東京文化会館は前川國男という世界的な建築家が設計した空間だが、ほとんどの人がそのことを知らないし、その空間を体験することはない。そこでビルボードクラシックスの公演が催されるとなれば、それまで東京文化会館に行ったことがない人、存在すら知らなかった人たちが、その空間の素晴らしさを知るきっかけになる。

「ビルボードクラシックスが来ることで、新しいお客様が増える」。そのように施設側から評価されることも多い。これは、ビルボードクラシックスに社会事業的な性質が含まれていることを示している。

また、当社は公共機関をになう電鉄系の子会社。民間企業とはいえ、社会の公共的な社会事業の一員。よって鉄道会社の社員がビルボードというブランドを使ってライブやレストラ

世界遺産の薬師寺で公演された「ビルボードクラシックス」

ン、チャート、オーケストラの公演といった総合的な音楽コンテンツを世の中に提供することは、同じように社会事業的な使命なのではないかと思っている。その使命感から、ビルボードクラシックスはチャリティーコンサートも企画している。

最後に、２０１９年11月16日、甲子園球場で安全地帯のコンサートを主催した。私が阪神電鉄の採用面接で苦し紛れで回答した甲子園球場でのコンサートは実現することとなった。

第8章
チャートビジネスの可能性

音楽業界のすべてを知る男

おそらく50代以上の方にとっては、ビルボードといえばアメリカの音楽チャートがすぐに思い浮かぶのではないだろうか。

私たちは日本でのビルボードの音楽愛好家へのブランディングをライブから始めたが、当初はアメリカのビルボードチャートは日本の音楽業界ではニーズがなく、ブランド力もなかった。それが、アメリカのビルボードがApple社からiTunesの全世界におけるダウンロードデータを取得できるようになったのを転機として、日本でも多様なデータを複合したチャート作成を行ない、音楽業界でのブランドを創ってきた。

このビジネスを担っているのが、ビルボード事業部担当部長でビルボード総研グループを率いる礒崎誠二である。彼も恩田と同じく事業を創れるスタッフの一人である。

礒崎の経歴をざっと紹介しよう。1991年に東京外国語大学スペイン語学科を卒業後、キティレコードに入社。同社を選んだ理由は、RCサクセションの基本を作った会社に興味があったからだという。キティレコードといえば、1980~90年代に来生たかおや安全地帯が一世を風靡していたことで有名だ。その後、もっと英語を活かせる職場を勧められて、キティが資本を半分出していたクラブチッタというライブハウスに出向することになった。ここにいた期間は3年間半ほどだったが、アーティストと交渉したりイベントを作る基本を叩き込まれたという。

磯崎は英語を活かせる職場を巡ったが、大学でスペイン語学科を専攻していたのは、英語とスペイン語の両方を操ることができれば、世界を巡る際に便利だろうという発想があったためらしい。

クラブチッタで働いている時に、音楽ビジネスの最前線はライブか音楽の制作出版だと聞かされる。そこで90年代後半を音楽制作の現場で働くことを選び、スタジオに籠もることの多い日々を送ることになった。

ミキシングとチャートの類似性

元来、磯崎は音楽を聴くことが好きで、楽器はギターを弾く程度だった。そのため、仕事としてもミュージシャン志向ではなく、ディレクションやプロデュースに携わった。

2000年代になると、自らエンジニアリングができるようになっていた。キティレコードを退職し、フリーとして活動。原盤制作をプロデュースしたり、クラブクアトロ、リキッドルーム、オンエアーなどで都内イベントをプロデュースもしていた。

この頃、レコード制作の費用が圧縮される傾向が強くなっていたため、自分で音をミックスできるようになることをめざし、エンジニアとして仕事を受注していた。仕事の一つに、24あるいは48チャンネルの音を録音し、各楽器やボーカルにエフェクトをかけ、最終的にステレオミックスに仕上げる作業があった。実は、この作業が、複数のデータを集めてそれぞれのデータに係数を掛けて最終的なチャートを生成するという、現在の仕事に生きているという。

このように10年間ほど原盤制作に携わった礒崎は、音楽業界においてまだ身を置いていないのは流通過程だと考えた。そこで、あるインディーズの会社に入社し、音楽の流通を学ぶことになる。ここで2年間ほど働いていた礒崎に、私は声をかけた。その時は、ちょうど礒崎の勤務する会社が事業を閉鎖する時期で、彼はすべての部下が再就職するのを見届けた2006年、阪神コンテンツリンクに入社した。

彼が最初に着手したのはドワンゴとの協業によるビルボードの公式着うたサイトの作成とチャートの立ち上げだった。3年後くらいからチャートの立ち上げと共に、ビルボードライブ東京の集客に対するマーケティングも担当することになったが、先述のように、アメリカのビルボードチャートを日本の音楽業界やマスコミに販売しようと企てても、そのニーズはなかった。やはり国内のチャートが必要だと考え、２００８年からジャパンチャートの構築を始めたが、国内にはオリコンという強敵がいた。

転機が訪れたのはアメリカのビルボードが Apple 社から取得していた全世界の iTunes のダウンロードデータの中から、日本におけるダウンロードデータを切り分けて取得できるようになってからだ。

これで、ＣＤの売上だけに基づいてチャートを作成していたオリコンに対して優位な戦略を立てられるようになったのである。

２０１３年になると、Twitter で楽曲名やアーティスト名がツイートされた回数と、パソコンなどでＣＤを読み込んだ際にグレースノート・メディアデータベース[*1]にアクセスした回数も取り入れることができるようになった。

ちなみに、２０１９年時点では、ダウンロード数（iTunes　Amazon　Google Play Music　mora　mu-mo　LINE Music　Rec Music）、ストリーミング（Amazon Music Unlimited　Apple Music　AWA　Google Play Music　KKBOX　LINE Music　Rakuten Music　Rec Music　Spotify）、ルックアップ数（パソコンでＣＤを読み込んだ際などにグレース

ノート・メディアデータベースにアクセスした回数）、ミュージックビデオ（YouTube YouTubeMusic GYAO!）、Twitter（楽曲とアーティスト名の両方がツイートされた回数）、カラオケ（第一興商とエクシングが提供する歌唱回数）が集計された数値に米ビルボードの許諾を受けた計数を乗じてポイント化して合算された複合チャートとなっている。

これはまさに、音楽が利用されているメディアの多様化に合わせて作成された進化したチャートであり、楽曲の社会全体への浸透度を反映できるようになり、業界での評価が高まったと自負している。

その結果、現在では日本レコード協会の正会員レコード会社のほとんどにマーケティングデータを購入していただけるまでになった。

また、テレビ各局やラジオ各局でも、番組で採用するチャートに私たちのチャートを活用していただけるようになっている。

例えば、テレビ番組では『ZIP!』、『CDTV』、『めざましテレビ』、『Tune』、『JAPAN COUNTDOWN』他。ラジオでは『Billboard Hot Chart』、『Good Luck! Morning!』など。

ＣＳＴＶでは『Billboard JAPAN COUNTDOWN』、『ミュージック ジャパンＴＶ』などが挙げられる。そして、新聞・雑誌では共同通信社が43地方紙へ配信し毎日新聞社、報知新聞社、ミュージックマガジン、日経エンタテインメントなど。インターネットでもLINE

NEWSやGoogle、Yahooなどでニュース配信されている。

２０１９年現在では、複合音楽チャート解析サービス『CHART insight』[*2]が、法人や個人向けに有料で広く提供されている。

ここで、『CHART insight』をなぜ作成したかに触れておきたい。

ビルボードライブの集客が安定すると、礒崎はビルボードライブのマーケティングを統括しながら『Billboard Japan Hot 100』の集計方法についてのアメリカとの交渉を進めていったのだが、「CDの売上データだけではだめ」というのがアメリカ側の返答だった。

ビルボード事業部担当部長　礒崎誠二

アメリカの『Hot 100』には、開始した１９５８年においてすらジュークボックスの再生回数とラジオでの放送回数、それにシングル盤レコードの売上がミックスされていたほどだ。当然の回答だった。

そこで彼はアメリカの集計ノウハウのレクチャーを受けた上で、日本の音楽ソフト市場に適したチャートの集計方法を構築することに取り組んだ。するとレコード会社各社から、総合順位を構築している各指標がどのような計算方式で合算されているのか、各指標の順位がどのようになっているのかを知りたいという要望が出てきた。

そのことから、『Billboard Japan Hot 100』の裏側にあるバックヤードデータの販売というビジネスチャンスを捉え、それが、『CHART insight』という商品になったのである。例えば、現在のデータでは総合順位で1位の楽曲が、CDの売上では何位だったのか、ダウンロードでの順位は何位だったのかがわかり、競合は楽曲との比較も容易だ。また、指定した期間内で楽曲ごとの順位がどのように推移しているかも瞬時でわかる。データはCSVでダウンロードすることも可能なので、各社が独自の解析を加えることも容易だ。このようなデータを、1社あたり月額単位で販売している。

私たちが提供しているデータは、歌番組の出演者の人選や日本におけるアワードなどにも活用されている。チャートというと常にオリコンと比較されるのだが、オリコンのチャートは主にCDの売上を根拠としている。しかも、近年は実売数によるものでもなくなった。というのも、「握手券商法」が流行り出したことで、一人のファンが10〜100枚のCDを購入するという事態が生じたからだ。そのためオリコンでは、そのような売れ方をした場合は3枚までしかカウントしないといった集計方法に切り替えている。

私たちのチャートでは、CDの実売はそのままカウントしている。なぜなら、「握手券商法」の影響を取り除いた順位を確認したければ、ルックアップデータ[*3]を見れば良いからだ。ルックアップでは、実際にCDがパソコンなどで読み取られた場合にグレースノート・メディアデータベースが参照された回数を示し、実際に購入やレンタルしたユーザーの動向が推測できる。もし、CDの順位が1位でも、ルックアップの順位が低ければ、実際には聞かれていないことを示しているのだ。

私たちのチャートデータは、CDなどの「所有」数と、ルックアップやラジオ、カラオケ、YouTube、ストリーミングなどの「接触」頻度のデータから集計されている。私たちのチャートはまだまだ発展途上だ。現状で完成とは考えていない。次は、Amazon の Prime Music のデータなども取り込んでいきたいと考えているからだ。

加えて、今年新たに『CHART insight』のデータを読み解く時間がない、アーティスト単位の情報だけが欲しい等のお客様向けの『アーティスト・ウォッチ』というコンサルティングサービスを開始している。

これは各アーティスト単位でCD、ダウンロード、ストリーミング、YouTube、カラオケなどの過去のファンの聴取動向がどう変化してきたかを当社の分析官がレポートをまとめ提出するというもの。自身が担当して育てているアーティストの類似したアーティストのチャートデータを深く読み解くことで、次回作のプロモーションや、アーティストの今後のマーケティングの一助とするためのもの。

業界外の方にはあまりにもマニアックなので、この話はこのあたりで止めておく。

ビルボード総研の可能性

2019年から、礒崎が所属していたチャートグループを、「ビルボード総研」という部門に変更した。これは、先述したとおり、私たちが持っている多様なデータを、新たな組み合わせで集計・解析することで新しい知見を提供して欲しいと考えたためだ。

インターネット上の検索数などから、まだチャートの上位には出現していない楽曲やアーティストの中からヒットの萌芽を見つけ出すことができるはずだ。そうすれば、その楽曲やアーティストにリソースを集中することで、ブレイクを早めることが可能になる。

例えば、CMのバックに流す曲に採用されることも挙げられるだろうし、CDやストリーミング、カラオケなど、世代ごとに接触する方法が異なる傾向を利用して、世代別のチャートを作ることもできるだろう。

一方で、歌番組や音楽番組で取り上げられた楽曲が、ヒットチャートにどのように影響しているのかを解析することで、実際にプロモーションに影響している番組はどれなのかもわかるようになり、視聴者の属性を類推できるようになる。さらに、楽曲のデータをパターン化することで、今年のトレンドとなっている楽曲のパターンを数値化するといったことも検証している。

第一次世界大戦後の世界的な不況のさなか、アメリカではラジオが急速に普及した。この時、ラジオで音楽が聴けてしまうとレコードが売れなくなるという論争が起きている。ビルボードはメディア側に立ち、人々がラジオで楽曲に接する機会が増えたほうがレコードの商機につながるという主張をした。つまり、ビルボードはユーザーファーストの視点を持っていたのだ。

私たちも、この視点は持ち続けている。チャートを追いかけるだけでなく、ビルボードライブにおいても、お客様がどのように楽しまれているのかを客席を見ながら考えていることにおいても同様だ。

＊1　グレースノート・メディアデータベース

グレースノート（Gracenote, Inc.）が持つデータベースの意味（日本法人はグレースノート株式会社）。グレースノートは主に、オーディオCDの内容に関する情報によるデータベースを認可・保守する商用サービスを運営する企業であり、Apple iTunes Storeなどの音楽配信サービスや、ソニー、パイオニア、アルパインなどの自動車・家電製品、Samsung、Sony Ericssonなどの携帯音楽アプリケーションに技術を提供している。

＊2　CHART insight

チャート・インサイトとは毎週のビルボードジャパンチャートをより詳しく知るためのサービス。気になる曲について、CD売上、ダウンロード、ストリーミング、ラジオ、ルックアップ、Twitter、動画再生回数、カラオケの八つを分かりやすいグラフで表示。並び替えや、楽曲同士を比較し、さらに詳しく調べることができる。

＊3　ルックアップデータ

測定値の指示や周波数測定、スペクトル分析などの分野において活用されるキーワード。

第9章

ビルボードカフェ＆ダイニング

「ビルボードカフェ&ダイニング」第一号店

ビルボード事業は、2007年に東京・六本木と大阪・西梅田にライブ&レストラン「ビルボードライブ」の開業、翌年には「ビルボード・ジャパン・チャート」を開始、近年では「ビルボードクラシックス」を全国で興行するなど、同ブランドならではの多角的な国内展開を進めてきた。

そして、四つ目の事業として2018年3月にカフェの新業態「ビルボードカフェ&ダイニング」第一号店を、新たな国際ビジネス・芸術文化都心として注目を集める「東京ミッドタウン日比谷」のプレミアムレストランゾーン3Fに開業した。

「ビルボードカフェ&ダイニング」は、"~ My tune, My time ~ produced by Billboard Live"「音楽と心地よい時間へのこだわり」をコンセプトに掲げ、「ビルボードライブ」を運営してきた10年間に培ったノウハウを活かし、高音質の空間はもとより、食事やお酒だけでなく、BGMを選べるスペースなどをご用意し、新たな音楽の楽しみ方を提案しています。

この企画が浮上したのは、8年前にビルボードライブ東京の三井不動産担当者が当社を久しぶりに訪れ、「日比谷で新しい業態の店舗を開発し出店して欲しい」と言ったことに遡る。

ビルボードカフェ＆ダイニング
住　　所　〒100-0006 東京都千代田区有楽町1丁目1番2号 東京ミッドタウン日比谷3F
店舗面積　370.06平方メートル（111.94坪）
総座席数　約100席（別途テラス36席）
ライブ・DJイベント　不定期開催

そこで、当時のビルボードライブ大阪の支配人たちとディスカッションした。そこに行けば音楽を通じての会話がはずみ、仲間ができる場があり、そのための音楽や映像がかかっている店舗、という結論に至った。

その後、私は電鉄本社に復職することになり、一旦、この企画から遠ざかることになった。やがて、社長として戻った私は再度、関係者と協議を重ねた。その結果、ＢＧＭを各テーブルで飲食メニューのように選べるカフェではどうかということになった。

日本ではこんなカフェは初めてだが、課題が二つ浮上した。一つ目は、音源の権利処理の問題、二つ目はそんな指向性の高いスピーカーがあるのかという問題であった。

一つ目の問題はＵＳＥＮが開発した「オトラク」を導入しレコード会社に許諾を得ることで辛うじて解決したが、スピーカーには苦心した。ヨーロッパやアメリカの技術を調査し実際にパリやボストンのスピーカー会社まで行ったが、低音の指向性をコントロールできず各テーブルにスピーカーをつけることは諦め、音響メーカー各社推奨のオーディオを備えた個室を作ることでひとまず落ち着いた。この部屋は、音楽が大好きなリピーターで毎日予約が入っている。

また、カフェは日比谷公園を一望できる開放的なテラス席やアナログのＬＰやデジタル音源でＢＧＭをリクエストできるテーブル席に分かれている。飲食部門はアル・ケッチァーノの奥田政行シェフと提携した料理を出している。

さらに、著名人が選んだレコードやCDを販売するセレクトショップや映画『ボヘミアン・ラプソディ』と提携し衣装展示や来店者全員にオリジナルステッカーが配布される企画も開催している。特にこの夏からアコースティックライブやトーク・イベントを多数開催し、音楽を通じて会話の弾むカフェをめざしている。

第一号店となる日比谷店は旗艦店として直営でビジネスモデルを確立し、各地で新たな文化発信拠点となるよう、将来的にはライセンスで全国展開していきたいと考えている。

第10章
ビルボードのこれから

期待形成システムは実現したのか？

このように、私たちは広いジャンルの良い音楽を、ビルボードジャパンチャート、ビルボードジャパン.com、ビルボードライブ、ビルボードクラシックス、ビルボードカフェ&ダイニング及び様々な音楽イベントと協業し紹介できるようになった。そのために、東京を中心にロサンゼルスとロンドンにも拠点を持った。

かつて山崎が大阪にブルーノートを持ち込もうという事業計画でもくろんだ阪神電鉄内の期待形成システム構築が成功したか否かは、阪急電鉄との経営統合によってわかりづらくなった。しかし、少なくとも彼の巻き起こした渦に引き寄せられた我々の手によって、ビルボードという事業で見事に花開いたと、私は思っている。

山崎は、コンサルタント会社を使うような、外部の頭脳に任せることを嫌った。自分たちが根幹となり、自主的にコントロールしてこそ、思い描いた事業は成し遂げられると考えていたのだろう。

彼が思い描いた大人の官能的な空間は、直営ですべてを運営しているビルボードライブには再現されている。招聘したいアーティストが来ないとなった時、その理由は直営だからこそ知ることができる。直接アーティストと会って話すことで初めてわかることもあるうえに、彼らの日本への思いも伝わってくることが多い。

私は、アース・ウィンド&ファイアー（Earth, Wind & Fire）の黄金期を支えたギタリストのアル・マッケイ（Al McKay）やシンガーソングライターのクリストファー・クロス（Christopher Geppert Cross）などの海外アーティストに謝辞を言われたことを思い出す。「ビルボードライブがなかったら、僕らのようなアーティストは日本に行く機会を得にくかっただろうね。本当に感謝しているんだ」と。

また、お客様が望んでいるものは何か、どれほどのクオリティーを求めているのか、どのような非日常的な時間を過ごそうとしているのか……その答えは、直営だからこそ肌で感じることができる。

但し、残念なことが一つある。新規事業はリスクを伴うので、売上よりも利益、既存事業の1／10の利益額が必要でハイリターンを求めるべきものだが、可能性としてもこの事業は1000億円に届くものではない。かつて阪神電鉄本社の久万社長に「事業たるもの100億円以上が一つの区切り、同じやるなら100億円をめざせ！」とハッパをかけられたが、我々はしっかりと売上100億円はめざしている。

ビルボードライブを横浜に

横浜にビルボードライブがオープンする。私が電鉄本社の新規事業の責任者をしていた時、現在、阪神電鉄会長で阪神タイガースのオーナーをしている当時の藤原社長に、「もう一つくらい、ビルボードライブができへんのか？」と言われたことがきっかけになった。

当時は新規事業推進室の部長で、子どものプログラミング教育からシニアの介護まで幅広く事業化を行ない、Dippin'Dotsアイスクリームや当社の子会社であるＰ＆Ｐ浜松のＭ＆Ａも行なっていた。これは私の仕事なのだろうかとの疑問を抱きつつ、日本全国の大型開発案件の情報を収集し各地のプロジェクトをプロデュースしている友人に、「横浜でBillboard Liveの出店場所はないかなぁ？」と尋ねたところ、横浜市内で開発案件を持っている様々なデベロッパーを紹介してくれ、横浜に関して多くの話が持ち上がった。最終的には、三井不動産が関わっている横浜の再開発と、ビルボードライブが繋がった。

ただ、その時はビルボードから離れて本社にいたので、まさか再び自分が手がけるようになるとは思っていなかった。まして、阪神コンテンツリンクに社長として戻ることになるなど想定外だった。

思い返せば、ビルボードのブランドを手に入れ、いよいよ東京進出を始めた時、リーマンショックや東日本大震災、ビルボードライブ東京の工期延期など、様々な困難に遭いながらも、私たちは怯むことはなかった。

ビルボード事業部長の坂本も、こう振り返る。

「確かにしんどかったですけどね。特に、東日本大震災の時は頭が真っ白になりました。それでも、自分たちは大阪ブルーノートをゼロから立ち上げてきたメンバーなのだという自信がありました。ですから、東京も絶対に立ち上げることができると確信していました」

そして、ビルボードライブ東京は難産ながらもオープンし、現在では国内外のプレミアムアーティストが多くの人に極上の音楽を提供している。

しかし、決して新規事業の立ち上げに慣れてしまったわけではない。2020年にオープンするビルボードライブ横浜について、専務取締役の小菅は「今度も相当に頑張らないかんと思っています」

と、気を引き締める。

横浜には横浜のマーケットがある。まさに再開発中という熱量の高い地域ではあるが、私たちにとっては新たな開拓地なのだ。

ただ、将来はＩＲの誘致もあり得るエリアであり、私たちとしても一定の存在感を示しておきたい。小菅は言う。

「横浜はビルボードライブを作る最後の都市かもしれません。ただ、横浜はいけると確信しています。いや、必ず成功させます」

横浜には、地元の人たちの憩いの場としての小さな店が多い。「そのような場所で、うちのような店を贔屓にしてもらえるようになるためには、相当の努力と時間が必要だとも覚悟しています」と、小菅。

横浜とその周辺には、六本木とは異なる客層があるはずだ。あるいは、東京の人たちも、非日常を楽しむという意味では、異国情緒が漂う港町の横浜まで足を延ばしてくれる可能性もある。いずれにしても、新たなチャレンジには、常に全力を注ぎたい。

ビルボードライブ横浜オープン!

ビルボードライブは幾つもの困難を乗り越え、極上の音楽を愛するお客様に支えられて2017年には10周年を迎えることができた。2019年2月までには300万人以上のお客様に来場いただいている。

そして、２０２０年の春、「ビルボードライブ横浜」がオープンする。

場所は再開発地区として注目されている横浜・北仲エリア。横浜市認定の歴史的建造物である「旧横浜生糸検査所附属生糸絹物専用B号倉庫」を復元した建物にビルボードライブが入る。

本稿執筆時点ではまだオープニングアーティストを決めていないが、歴史ある港町である横浜の音楽を愛する人たちが心から楽しんでくれる音楽を用意したい。

私自身、どんなアーティストの演奏が聴けるのか、とても興奮している。

ビルボードライブ福岡の経験からも、横浜の地元の方にかわいがってもらえるライブハウスを作る必要がある。ハード面では東京

ビルボードライブ横浜店内パース

ミッドタウンが青なら、横浜は赤にするといった差別化を考えている。また、東京ではショーが始まる前のステージの背景には東京の夜景が見えるが、横浜では天井から吊られている大きなシャンデリアが、開演と同時に天井に引き上げられるような仕掛けも用意し、横浜の方に好きだと言ってもらえるハードを用意したい。

横浜市の幹部とお話をしていると、横浜の夜は早く、エンタメが少ないとの声が聞こえてくる。せっかく横浜という異国情緒が溢れる港町に来るのなら、「ビルボードライブ横浜」で美味しい食事と上質な音楽を楽しんだ後、海の香りがする町のバーでカクテルを飲んで、そのまま海の見えるホテルに宿泊して帰るようなツアーを組んでいただくことで、地元への経済効果も少なからず発揮できればと思っている。

振り返るにはまだ早い

坂本大は、今でこそ阪神コンテンツリンクの執行役員とビルボード事業部長を兼任する立場になっているが、彼の言葉によると、彼が入社した当時の私は、相当厳しいことを言っていた時期があるらしい。

それは、アーティスト選びで妥協するなとか、演奏で手を抜かせるなといったことだったようだ。実際、演奏で手を抜くアーティストもいた。そのような時は、ショーと次のショーの間に、そのアーティストのCDをかけてやれ、と言っていた。CDはそのアーティストにとって最高の演奏だからだ。つまり、嫌がらせである。

私が坂本に特に強く言っていたのは、「アーティスト選びでは日本のお客さんが聴きたがるかどうかを常に考えろ」ということだった。私がプールの清掃をしていた坂本を呼び出して抜き打ちで面接したのは、そのマーケット感覚を知りたかったからだ。その時の坂本の身なりは酷かった。何しろ抜き打ちだったので、「おまえ、何日頭洗っていないんだ?」と言いたくなるほど薄汚れたなりをしていた。

しかし、面接をしてみると、彼の音楽に関する知識の豊富さと、何よりマーケット感覚がありそうなことが期待できた。そして私の勘は的中した。坂本のマーケット感覚は、今までに会ったどの音楽業界人と比較しても、トップクラスだった。

一方、坂本の5年前に入社していた小菅亨太は、人事部に配属された1年後には阪神ブルーノートの立ち上げに携わっていた。小菅も坂本に劣らず無類の音楽好きだった。私と阪神ブルーノートの立ち上げ準備を始めた頃は、他に黒須しかいなかったので、一番下っ端だった小菅にはあらゆる仕事をやらせている。当然、彼の後から加わったメンバーの採用窓口にもなってもらった。小菅は若さも手伝ったのだろうが、物怖じせずに自分の考えを口にできる男だった。

小菅は、当時のことを照れくさそうに振り返って言った。

「自分が思ったことは誰であろうとバンバン言っていましたね。今思うと冷やっとするようなことも言っていました。立ち上げ当初のカオス状態だったので許されていたような所もありましたよ。今ならアウトですね」

今は専務取締役となっている小菅に、「最もしんどかったのはどんなことだった？」と尋ねてみた。すると、「まだリタイアしたわけじゃないから、振り返ったこともない」と言う。

「だって、来年はこれまで以上に厳しいかもしれないじゃないですか」と、口を尖らせた。

小菅たちもまだ、一緒に走り続けてくれているのだ。

ビルボードというブランドが歩き出すとき

おそらく、ビルボード事業を阪神電鉄が１００％出資している会社が運営しているということを、多くの人は知らないだろう。それは、ビルボードというブランドが見事に一人歩きしてくれた結果だと素直に喜びたい。実際、ビルボードライブを訪れても、阪神の「は」の字もない。

先日、友人の依頼で大学3年生相手に授業をする機会があり、ビルボードを知っているかを聞いてみたら約80％の学生が知っていた。パーティでビルボードのロゴの入った名刺を渡すと、半数以上の方が行きましたよと言ってくれる。

ビルボードというブランドであれば、音楽チャートを提供している会社らしい、あるいは「ビルボードクラシックス」や「ビルボードカフェ＆ダイニング」の名を見て、ああ、ビルボードがやっているんだな、と思っていただけるようになった。

私は、社長の仕事とは必ず計画通りの利益を出す仕組みを作り、社員が働きやすい職場を作り、社員や株主に対して未来を示すことだと思っている。残念ながら、ビルボード事業の仕上がりは50％未満でまだまだでき上がっていないと言わざるを得ない。現事業のブランドを更に磨きつつ、もっともっといい音楽を紹介できるように大型の興行や大型のホールの所有、アジア各国のビルボードとの連携も進め、将来の若ものがどのように音楽を聴き、音楽業界がどうなるかも見据えながら、ビルボード事業を後輩たちとともに完成させたい。

第11章
もう一人の顧客、アーティストからのコメント

ビルボード事業のテーマは、「いい音楽を紹介する」ことである。

つまり、ブランドを創るのはアーティストの素晴らしい公演であるとも言える。

本書の出版にあたり洋楽、邦楽の様々なアーティストからコメントをいただいたので披露したい。

また、ブルーノート時代から当社のステージで演奏を披露してくれたアーティストリストも掲載した。

皆さんも来店時の思い出を重ねながら、リストを眺めて楽しんでいただきたい。

billboard LIVE

David T. Walker

Masato, it was good to meet and work with you all these years!
It's good that you have this 30th anniversary in entertainment under Hanshin.
Omedeto!
May you continue to press on with a smile and enjoy all that you do and love going forward.
Doumo arigato for the time well spent,
David T. Walker

My best to you,

1941年6月25日、アメリカロサンゼルス・ワッツ地区生まれ。15歳のとき、近所の教会で演奏されていたゴスペルがきっかけでギターを始める。高校を卒業後、親元を離れニューヨークに移り、プロのミュージシャンとしての活動を開始する。SOUL、R&B、AORなどのジャンルを代表するギタリストで、マーヴィン・ゲイ、ジャクソン5、キャロル・キングらの名盤と呼ばれるアルバムを始め、数多くの作品に参加している。歌物での絶妙なバッキングが特徴で、流麗なオブリガートに定評がある。キレがありファンクにグルーヴするが、時に優しく奏でるその演奏は、現在のポップ・ミュージックにおけるギター奏法に多大な影響を与えている。

©Simon Fowler

Howard Jones

I always enjoy playing concerts at the Billboard venues in Japan. Thank you for your support over many years! Thank you to the kind staff who always look after us so well. The shows are very intimate and unique and it gives my wonderful Japanese fans a chance to get close to the performance. I wish Billboard great success with new venues opening soon and I hope to be back with some acoustic shows in 2020. Very best wishes.

1955年2月23日生まれ。イングランド出身。1983年10月、シングル「ニュー・ソング」でデビューし全英3位を記録。2ndシングル「ホワット・イズ・ラヴ？」も全英2位と連続ヒットを記録し、1stアルバム『かくれんぼ』は全英1位に輝く。当時最先端のシンセサイザーを駆使しながらポップで親しみやすいサウンドを作り出す新鋭としてシーンのフロントに躍り出る。盛況のMTVムーヴメントのなか、アメリカでは第2次ブリティッシュ・インヴェイジョンに乗って人気が爆発、80年代の全米ヒットチャートを賑わせる。独特なヘアスタイルも話題となり、日本ではアイドルとしても人気を博し『ミュージック・ライフ』など洋楽誌の表紙も飾っている。90年代以降もエレクトリック・ポップ、シンセポップの代表的アーティストとして活躍し現在に至る。

Joe

It has been an absolute honor performing at Billboard Live!
The audience has been so amazing!
On behalf of my team; Thank you for all the great years!

セクシー＆スムースな歌声で圧倒的な支持を誇るR&B シンガー。1993年のデビュー以来、「オール・ザ・シングス」や「アイ・ワナ・ノウ」といった代表曲をはじめ、その艶やかな歌声を活かした甘美なバラードを多数発表。2007年の『エイント・ナッシング・ライク・ミー』や2008年の『ニュー・マン』は、全米アルバム・チャートでTOP10入りを果たしており、移り変わりの激しいR&B世界で、その貫禄と存在感を見せつけてきた。2016年には『マイ・ネーム・イズ・ジョー・トーマス』を発表し、現在も精力的にライブ活動を続ける至高のR&B スターのパフォーマンスに期待が高まる。

Meja

Billboard Live is a fantastic venue to play... It feels like being in my living-room, great vibe, friendly and great sound. Such a treat to always be welcomed by the smiling faces of everybody working there. Much Love, Meja

1969年2月12日生まれ。スウェーデン・ストックホルム出身。スウェーデン発のダンス・ミュージック・ユニット「レガシー・オブ・サウンド」のヴォーカルとして2枚のアルバムに参加。「Happy」が全米シングル・チャート最高29位まで上昇するサプライズ・ヒットを放ったあと、1996年4月、アルバム『メイヤ』でソロ・デビュー。大ヒットした「HOW CRAZY ARE YOU?」に象徴されるアコースティックを基調とした透明感溢れるサウンドと爽やかな歌声が、当時のスウェディッシュ・ポップ・ムーヴメントの中核として日本で熱狂的に受け入れられ、80万枚以上のセールスを記録。

Michel Camilo

In all the years that we worked together with Masato-san it was always a pleasure due to his professionalism and his good sense of humor. He always made us feel welcomed!"

Best regards from Michel and Sandra Camilo

1954年、ドミニカ生まれ。華麗かつエモーショナルなプレイで聴かせるジャズ・ピアニスト。5歳からクラシック・ピアノと作曲を学び、早くから"神童"と呼ばれる。1979年にニューヨークへ渡り、アンソニー・ジャクソンやマンハッタン・トランスファーとの活動が高い評価を得る。1986年に初のリーダー作を発表。その後は多数のアルバムを制作。2003年の『ライヴ・アット・ブルー・ノート』でグラミー賞最優秀ラテン・ジャズ・アルバム賞を、2013年5月発表の『ワッツ・アップ』で第14回ラテン・グラミー賞最優秀ジャズ・アルバムを受賞。

Shakatak

We always look forward to our time every year at the Billboard Live clubs in Japan.
We've known Masato and Tomoko for many years now and consider them good friends as well as many of the staff at the venues and as with Japan, the clubs are like our second home.
We have great memories of the first time we played Tokyo and the magic moment when the curtains opened as we played *Down on the Street* and the skyline appeared. Just amazing! Nowhere else in the world has that!!
So as the new club in Yokohama opens next year we wish everyone great success and long may our relationship with such a great organisation and wonderful people continue.
Lots of love.

1980年にイギリスで結成され、1981年『DRIVIN HARD』でアルバムデビュー。1982年には、シングル「NIGHT BIRDS」が英国トップ10入りを果たす。同名のアルバムが、アルバム・チャート4位を記録し、約6ヶ月間もチャートインするというビッグ・ヒットとなる。これがヨーロッパ各国、日本、南米などを巻き込む世界的ヒットとなり、不動の地位を築く。日本での人気は高く、1987年〜1989年には、3年連続で東京国際音楽賞を受賞。数々の日本企画のアルバムもリリースしている。1997年からは日本でのレーベルをビクターに移籍し、8枚のアルバムをコンスタントに発売。ベスト盤、企画盤も多数リリースしている。

Swing Out Sister

We met Masato backstage at Osaka, the lovely man in the hat who saw us onto the stage and greeted us when we returned. He had a wise face and a lovely smile and it turned out that he was one of Billboard's oldest employees and was over eighty years old. He seemed to bring luck and a sense of calm to our concerts. When he retired we were sad not to see his lovely face. The Billboard Osaka staff told him, so he came back specially for our Osaka dates ... that was so special.

Corinne xxx

1984年に英国マンチェスターで結成されたポップ・ユニット。現在のメンバーはコリーン・ドリューリー、アンディ・コーネルの2人。1987年にアルバム『ベター・トゥ・トラベル』でデビュー。1996年、日本のドラマのために書き下ろされたシングル「あなたにいてほしい」が30万枚以上のセールスを記録し、日本でも人気グループとなる。ジャズやソウルをベースにしたスタイッリシュなポップスが魅力。2012年7月、デビュー25周年を記念したアルバム『Private View+2』とDVD『tokyo stories ライヴ・アット・ビルボードライブ東京 2010』をリリース。

The Three Degrees

Masato-san. Where do I start!? As a manager of the Three Degrees, it's been my pleasure to work with Masato-san and his staff for almost 30 years now. Despite his progression within Hanshin, more often than not we still get a visit each year when we are in Osaka, working the wonderful Billboard club. He was there from the very beginning and I would say that he has stamped his identity on the way Billboard still works and there's a mixture/level of honesty, industry and reality that still exists within the company that I think stems from him. I know the ladies love him … however, I have one complaint … I still didn't get to go to baseball game while in Osaka!!!! Happy 30 years from Helen, Val, Freddie, our band and myself. Let's pray for 30 more!

フィリー・ソウルの色あせない魅力を現代に伝えるコーラス・グループ。70年代、日本でもヒットを記録した「天使のささやき（When Will I See You Again）」や「荒野のならず者（Dirty Ol' Man）」、そしてMFSB（Mother Father Sister Brother）と共演した全米No.1ソング「ソウル・トレインのテーマ」が大ヒット。フィリー・ソウルがポップスの頂点を極めた時代を誰よりも鮮やかに彩った彼女たち。黄金期からのメンバー、バレリー・ホリデーを中心とした現在のメンバーは、まさにハッピー＆ゴージャスな音楽の伝道師。

杏里

30年の軌跡をたどる記念本が上梓されるとのこと、おめでとうございます。

私がビルボードライブ東京に初めて出演させていただいたのは、2009年でした。当時はJ-POPのアーティストがほとんど出演されたことが無いということで、本社までお伺いをたてて許可をいただいたとお聞きしております。国内アーティストの皆さんがたくさん出演されるようになったことは、とても喜ばしいことです。それ以来、私も、大阪も含めて毎年のようにお世話になっていますが、ビルボードライブのステージは、常に身が引き締まるというか、良い緊張感を持って臨んでいます。特に最近は、私にとって、Best Buddies（音楽仲間たち）と純粋に音楽を楽しむための、特別な、そして大切な場所になっています。お客様も美味しいお料理やドリンクでリラックスされて、客席と一体感を味わえるのも魅力ですね。阪神コンテンツリンクさんは、ライブだけでなく、日本版チャートを発表するなど、国内外のアーティストを盛り上げてきてくださいました。いろいろなご苦労もおありだったと思いますが、これからも音楽シーンの隆盛のためにどうぞ宜しくお願いいたします。

さらなるご発展をお祈りしております。


神奈川県出身。1978年「オリビアを聴きながら」でデビュー。1983年の「CAT'S EYE」で初のナンバーワンを獲得し、今日に至るまでシーンのトップを走り続ける。

稲垣潤一

過去のアルバムから歌う、いわば再現ライブに近いコンセプトライブを2016年から開催させて頂いています。お客様との距離感も近く、皆さんのリアクションも直に伝わり、うたう様も手に取るように分かるはず。そこがホールと違う点で、大人の音楽好きな方々がリラックスして楽しめる空間なのです。至近距離でのライブは、時として緊張感が伴うものですが、曲の想い出が甦ってる、と思しき表情から、その見る聴くのダイレクト感が醍醐味か、と。これからも、この雰囲気を味わえるビルボードライブでありますように。

1953年7月9日生まれ。仙台市出身。1982年、「雨のリグレット」でデビュー。「ドラマティック・レイン」(1982) や「夏のクラクション」(1983)、「クリスマスキャロルの頃には」(1992) 他、数々のヒット曲で日本を代表するAORシンガーとしての地位を確立。コンサート回数も現在では2000本を超えている。

小曽根真

「常に何かを創り続けている人。目が覚めた瞬間から眠りに落ちる瞬間までずっと何かを考え、一時も休まずに想像し、創造し続けています。まるでいつも悪戯のネタを考える子どもの様に。その遊び心を忘れない創造力は、最高のアドリブをするジャズ・ミュージシャンとまったく同じ。彼と話すと必ず何か大きなインスピレーションを受け取り、自分の次のプロジェクトへと繋がって行くのです。北口さん、本当にありがとう！」

1983年、バークリー音楽大学ジャズ作・編曲科を首席で卒業。同年、アメリカCBSと日本人初のレコード専属契約を結び、アルバム「OZONE」で全世界デビュー。以来、ソロ・ライブをはじめゲイリー・バートン、ブランフォード・マルサリス、パキート・デリベラなど世界的なトッププレイヤーとの共演や、自身のビッグ・バンド「No Name Horses」を率いてのツアーなど、ジャズの最前線で活躍。

黒沢 薫（ゴスペラーズ）

日本にビルボードライブという場所が出来た時のことを今でも覚えている。大人が集う良質なナイトクラブ。良質な料理、そして最高のアーティスト達の最高のライブパフォーマンス。歓喜した。お客としても何度も通った。そしていつしか、この場所でパフォーマンスしたいと願った。黒沢 薫、そしてゴスペラーズがこの場に立てるクオリティになることを目標とした。初めて舞台に立った時は大げさでなく、鳥肌が立った。ついにここまで来たと感じた。それから、幸運な事に何度もこの舞台に立たせてもらった。客として観に行く時も、歌手として舞台に立つ時も、ここはいつも特別な場所だ。これからもあり続けて欲しい。そして僕が立ち続けたいと思う舞台であり続けて欲しい。

1994年12月、ゴスペラーズのメンバーとしてキューンレコードよりシングル「Promise」でメジャーデビュー。2000年8月リリースのシングル「永遠（とわ）に」、同年10月リリースのアルバム『Soul Serenade』が記憶に残るロングセールスを記録しブレイク。2001年3月リリースのシングル「ひとり」が、アカペラ作品としては日本音楽史上初のベスト3入りとなる。同年6月にリリースされたラヴ・バラードのコレクション・アルバム『Love Notes』が大ヒットし、ミリオン・セールスを記録する。以降、「星屑の街」、「ミモザ」など多数のヒット曲を送り出す。ソロ活動としては2005年10月に「遠い約束」でソロデビュー。以降、アルバム2枚を発売する。

黒田卓也

阪神コンテンツリンク30周年おめでとうございます。初めてビルボードの舞台に立たせていただいたのはJose Jamesと2012年ごろRising Son アルバムの自己のリリースライブも盛大に祝っていただきました。楽しい思い出がいっぱいです。これからもまた素晴らしい時間を共有できることを楽しみにしています。

1980年、兵庫県生まれのジャズ・トランペット奏者。12歳よりトランペットを始め、16歳から神戸や大阪のジャズクラブで演奏活動を開始。2003年に渡米し、ニューヨークのニュースクール大学ジャズ課に進学。卒業後もニューヨーク・ブルックリンを拠点としながら、国内外のさまざまなジャンルで活動。JUJU、ホセ・ジェイムズらの作品への参加を経て、2010年に初のリーダー作『Bitter & High』を発表。翌年発表の『エッジ』が全米ラジオチャート3位となるなど評価を高め、2014年に『ライジング・サン』でメジャーデビュー。また、J Squadなどのユニットでも活動。2016年9月、2ndアルバム『ジグザガー』をリリース。

小柳ゆき

この度はご出版おめでとうございます。Billboard様には、毎年ライブを行なわせていただき大変お世話になっております。スタッフ皆様のいつも心が行き届いた接遇に感銘と共に感謝しております。この先もたくさんのライブやイベントを作り上げていってください！

1982年1月26日生まれ。埼玉県出身。1999年、現役高校生のシンガーとして「あなたのキスを数えましょう～ You were mine ～」でデビュー。2000年5月発売の「Koyanagi the Covers PRODUCT 1」は洋楽カヴァー・アルバムとして初のオリコン1位を獲得。また、ホイットニー・ヒューストンのプロデューサーとして知られるアメリカ R&Bシーンの重鎮、Kashifとのデュエット作品をリリースし、国際的にも注目される。近年ではビルボード・クラシック・フェスティバルでオーケストラと共演。2018年6月に初のフル・オーケストラ単独公演も開催し、新たな魅力を開花させ進化し続けている。

佐野元春

Billboard Liveでは、東京・大阪で、シリーズ 'Smoke & Blue' と題して、2012年からほぼ毎年ライブを行なってきました。

特別な思い出として、2012年公演のファイナルに、特別ゲストとして雪村いづみさんを迎えた時のステージが印象に残っています。Billboard Liveはコンサート・ホールでのライブとは違い、聴き手との親密な空間の中で演奏できるのが楽しいです。

毎回、僕の音楽の詩的な部分をじっくり聴いてもらう貴重な機会をいただいています。機会があればぜひお立ち寄り下さい。


1956年3月13日生まれ。東京・神田出身。詩的な世界観と多様なジャンルを内包した斬新な着想の楽曲で人気を博すシンガーソングライター。1980年、シングル「アンジェリーナ」でデビュー。その後、「ガラスのジェネレーション」、「SOMEDAY」、「Young Bloods」、「約束の橋」など、社会的なメッセージを普遍的思想の中に溶け込ませたヒット曲を多数輩出。メロディ、ビート、リズムなどにも研ぎ澄まされたセンスを表出させ、その創作性と精神性で高く評価される。

福原美穂

ビルボードチームは本当にいつも明るく、家族が帰ってきたかの様に迎えてくださいます。
関わっていらっしゃる皆様のその笑顔やポジティブなエネルギーは、企業理念やリーダーシップの後に続いているのだろうと感じます。その暖かいパワーが日々のステージを作り支えてくださる事で、私たちアーティストは伸び伸びとパフォーマンスをすることができるのだと思います。今までも素晴らしいプロジェクトに関わらせていただきましたが、これからも人々の心に触れる事ができる音楽やビジョンを描く事に、ご一緒させて頂けると幸いです。

1987年生まれ。北海道出身の女性シンガー。15歳のとき、地元のテレビ番組に出演したことがきっかけで北海道限定ミニアルバムを2作発表し、1万枚を超えるヒットを記録。2008年2月には、日本人として初めてLAの黒人教会にてパフォーマンスを披露。「奇跡の子」と称され、黒人教会220年の歴史を変えたと賞賛を受ける。同年4月には、シングル「CHANGE」でメジャーデビュー。その後、数々のシングル、アルバムを発表し、2011年5月に初のミニアルバム「The Soul Extreme EP」、同年10月に第2弾「The Soul Extreme EP 2」をリリース。2012年6月には、「The Soul Extreme」シリーズの集大成となるアルバム「The Best of Soul Extreme」を発表した。

古内東子

もともと自分自身が、ライブはお酒を飲んだり食事を楽しみながら観たいタイプなので、今は出演させていただく側としても、お客様の笑顔とその非日常な空間を堪能させていただいています。それぞれの場所に思い出とお気に入りの理由がありますが、ひとつずつ挙げるなら、ビルボードライブ大阪は、お客さまのそばを通りながら歩くステージまでのストローク（握手やハイタッチができるため）、そしてビルボードライブ東京はやはり、ゆっくりカーテンが開いて最高の夜景が広がってゆく瞬間でしょうか。ステージの上にいられる高揚感は、きっとまたここに戻ってきたいと思わせ、そんな特別な場所を作っていただいたことに、心から感謝いたします。

1972年11月1日生まれ。東京都出身。上智大学在学中の1993年、シングル「はやくいそいで」でデビュー。1996年発表のシングル「誰より好きなのに」の大ヒットをきっかけに、1998年発表のオリジナルアルバム「魔法の手」では、オリコンチャート初登場第1位を獲得。都会的でこだわりのあるサウンド、表情豊かなボーカル、恋する男女の日常を繊細な視点かつシンプルな言葉で綴った詞。これらの要素が芸術的に表現される音楽が、そのライフスタイルも含め、支持を得ているシンガーソングライター。数多くのラブソングを歌い上げる“恋愛の神様”がバレンタインシーズンにビルボードライブに登場すると、アコースティック・サウンドに乗せて、さらに包容力を増した歌声が甘く切なくクラブ空間に響き渡る。

当社クラブ&レストランの出演者リスト　洋楽

アンリ・サルヴァドール（Henri Salvador）、ホセ・フェリシアーノ（José Feliciano）、
オレゴン（Oregon）、バホフォンド（Bajofondo）、
ニルス・ペッター・モルヴェル（Nils Petter Molvær）、
フアナ・モリーナ（Juana Rosario Molina）、ヴァシュティ・バニヤン（Vashti Bunyan）、
レジーナ・スペクター（Regina Spektor）、
マリア・マルダー・アンド・ダン・ヒックス（Maria Muldaur & Dan Hicks）、
ダン・ペン&スプーナー・オールダム（Dan Penn & Spooner oldham）、オールダム（Will Oldham）、
メリッサ・マンチェスター（Melissa Manchester）、マーク・アーモンド（Marc Almond）、
エルザイ（Elzhi）、アンナ・カルヴィ（Anna Calvi）、
スタンリー・カウエル（Stanley Cowell）、ヒメナ・サリニャーナ（Ximena Sarinana）、
ジェイムズ・モリソン（James Morrison Catchpole）、スターシップ（Starship）、
トレヴァー・ホーン（Trevor Charles Horn）、ザ・ドリーム（The-Dream）、
エリック・アンダースン（Eric Andersen）、バート・バカラック（Burt Bacharach）、
ウェイン・クランツ（Wayne Krantz）、ロビン・ガスリー（Robin Andrew Guthrie）、
ヴァン・ダイク・パークス（Van Dyke Parks）、マリア・マッキー（Maria McKee）、
シュギー・オーティス（Shuggie Otis）、
スチュアート・マシューマン（Stuart Colin Matthewman）、
イェンス・レークマン（Jens Martin Lekman）、トム・トム・クラブ（Tom Tom Club）、
ジョルジオ・モロダー（Giovanni Giorgio Moroder）、アフター7（After 7）、
ガース・ハドソン（GARTH HUDSON）、
ブエナ・ビスタ・ソシアル・クラブ（Buena Vista Social Club）、
グレアム・パーカー（Graham Parker）、ミッジ・ユーロ（Midge Ure）、
クラレンス・カーター（Clarence George Carter）、シル・ジョンソン（Syl Johnson）、
イダン・ライヒェル（Idan Raichel）、
トンプソン・ツインズ トムベイリー（Thompson Twins' Tom Bailey）、
シャロン・ヴァン・エッテン（Sharon Van Etten）、ギャズ・クームス（Gaz Coombes）、
ウィリアム・ベル（William Bell）、ミシェル・ブランチ（Michelle Branch）、
タイ・トリベット（Tye Tribbett）、トニー・ヴィスコンティ（Tony Visconti）、
スティーヴ・アーリントン（Steve Arrington）、レオ・セイヤー（Leo Sayer）、
タキシード（Tuxedo）、イベイー（Ibeyi）、ジェイク・シマブクロ（Jake Shimabukuro）、
アル・スチュアート（Al Stewart）、ドン・ブライアント（Don Bryant）、バーディー（Birdy）、
メロディー・ガルドー・アンド・ピエール・アデルニ（Melody Gardot & Pierre Aderne）、
リー・フィールズ（Lee Fields）、カウボーイ・ジャンキーズ（Cowboy Junkies）、
スペンサー・ウィギンズ（Spencer Wiggins）、ジュディス・ヒル（Judith Glory Hill）、
ザ・ニュー・マスター・サウンズ（The New Mastersounds）、
フィル・マンザネラ（Phil Manzanera）、エルヴィン・ビショップ（Elvin Bishop）、
トーラス・ライリー（Tarrus Riley）、クロニクス（Chronixx）、

プリザベーション・ホール・ジャズ・バンド（Preservation Hall Jazz Band）、
サウスサイド・ジョニー &ジ・アズベリー・ジュークス（Southside Johnny & The Asbury Jukes）、
ガーランド・ジェフリーズ（Garland Jeffreys）、スクリッティ・ポリッティ（Scritti Politti）、
クリスチャン・スコット（Christian Scott）、マセーゴ（Masego）、
シュガーヒル・ギャング（The Sugarhill Gang）、ポール・スタンレー（Paul Stanley）、
ジャミーラ・ウッズ（Jamila Woods）、マシュー・モリソン（Matthew Morrison）、
リロイ・ハトソン（Leroy Hutson）、コリーヌ・ベイリー・レイ（Corinne Bailey Rae）、
ジェイミー・カラム（Jamie Cullum）、ダニー・コーチマー（Danny Kortchmar）、
チャポロ・シュミット（Tchavolo Schmitt）、カーラ・トーマス（Carla Thomas）、
ビッグ・カントリー（Big Country）、コーデュロイ（corduroy）、
コスモ・パイク（Cosmo Pyke）、エース・フレイリー（Ace Frehley）、
ブルース・コバーン（Bruce Cockburn）、スウィング・アウト・シスター（Swing Out Sister）、
スティーヴ・クロッパー（Steve Cropper）、ロン・アーティス・ザ・セカンド（Ron Artis II）、
ゴングfeaturing スティーヴ・ヒレッジ（GONG featuring Steve Hillage）、
ヴァネッサ・カールトン（Vanessa Carlton）、ジョニー・ヘイツ・ジャズ（Johnny Hates Jazz）、
ジュリアン・ベイカー（Julien Baker）、ユーライア・ヒープ（Uriah Heep）、
マーカス・キング・バンド（The Marcus King Band）、
コナー・ヤングブラッド（Conner Youngblood）、
セント・ポール&ザ・ブロークン・ボーンズ（St. Paul and The Broken Bones）、
ピーター・ブロデリック（Peter Broderick）、エルメート・パスコアール（Hermeto Pascoal）、
アロー・ブラック（Aloe Blacc）、メリッサ・モーガン（Meli'sa Morgan）、
モーリス・デイ（Morris Day）、ダニエル・パウター（Daniel Powter）、
テリー・リード（Terry Reid）、ジェシー・ジョンソン（Jesse Johnson）、
ネナ・チェリー（Neneh Cherry）、10cc、ABC、ロビー・デュプリー（Robert Dupuis）、
ブラッド・スウェット・アンド・ティアーズ（Blood, Sweat & Tears）、
PFM（Premiata Forneria Marconi）、US3、
アート・アンサンブル・オブ・シカゴ（Art Ensemble Of Chicago）、
アート・ファーマー（Art Farmer）、アート・ブレイキー（Art Blakey）、
アーネスティン・アンダーソン（Ernestine Anderson）、アビー・リンカーン（Abbey Lincoln）、
アーロン・ネヴィル（Aaron Neville）、アル・クーパー（Al Kooper）、
アール・スリック（Earl Slick）、アール・クルー（Earl Klugh）、
アイアート・モレイラ（Airto Moreira）、アイズレー・ブラザーズ（The Isley Brothers）、
アイリーン・アイバース（Eileen Ivers）、アイリーン・キャラ（Irene Cara）、
アジムス（Azymuth）、アシャンティ（Ashanti）、アストラッド・ジルベルト（Astrud Gilberto）、
アトランティック・スター（Atlantic Starr）、アナ・カラン（Ana Caram）、
アニタ・オディ（Anita O'Day）、アヴァーント（Avant）、
アヴェレイジ・ホワイト・バンド（Average White Band）、

アーマッド・ジャマル（Ahmad Jamal）、アメリカ（America）、
アメル・ラリュー（Amel Eliza Larrieux）、アラン・トゥーサン（Allen Toussaint）、
アラン・パーソンズ（Alan Parsons）、アラン・ホールズワース（Allan Holdsworth）、
アリ・オリ・ウッドソン（Ali-Ollie Woodson）、アリソン・リメリック（Alison Limerick）、
アル・ジャーディン（Alan Charles Jardine）、アル・ジャロウ（Al Jarreau）、
アル・ディメオラ（Al Di Meola）、アルバート・ハモンド（Albert Hammond）、
アル・マッケイ・オールスターズ（Al McKay All Stars）、アル・B・シュア（Al B. Sure）、
アレクサンダー・オニール with シェレール（Alexander O'neal with Cherrelle）、
アレクサンダー・ウィズ（Aleksander With）、
アレステッド・ディベロップメント（Arrested Development）、
アンジェラ・ボフィル（Angela Tomasa Bofill）、アンジー・ストーン（Angie Stone）、
アンソニー・ハミルトン（Anthony Hamilton）、アンテナ（ANTENA）、
アン・ヴォーグ（En Vogue）、アーマ・トーマス（Irma Thomas）、
イヴリン・シャンペン・キング（evelyn champagne king）、
イヴァン・リンス（Ivan Guimarães Lins）、イエロージャケッツ（Yellowjackets）、
イジー・ビズ（Izzy Bizu）、イリアーヌ・イリアス（Eliane Elias）、
インコグニート（Incognito）、ヴァネッサ・ウィリアムス（Vanessa Lynn Williams）、
ヴァレリー・カーター（Valerie Carter）、
ヴァンガード・ジャズ・オーケストラ（The Vanguard Jazz Orchestra）、
ヴィクター・デイヴィス（Victor Davies）、ヴィンテージ・トラブル（Vintage Trouble）、
ザ・ウィスパーズ（The Whispers）、ウィントン・マルサリス（Wynton Learson Marsalis）、
ウェイン・ショーター（Wayne Shorter）、ウェイン・マーシャル（Wayne Marshall）、
ウェイン・ワンダー（Wayne Wonder）、ウェンディ・モートン（Wendy Moten）、
ウーター・ヘメル（Wouter Hamel）、エア・サプライ（Air Supply）、
エイドリアナ・エヴァンス（Adriana Evans）、エイメリー（Amerie）、
エステル（Estelle）、エスペランサ・スポルディング（Esperanza Spalding）、
エヂ・モッタ（Ed Motta）、エディ・ダニエルズ（Eddie Daniels）、
エディ・パルミエリ（Eddie Palmieri）、エディ・リーダー（Eddi Reader）、
ジェラルド・リバート（Gerald Levert）、エドウィン・コリンズ（Edwyn Collins）、
エドゥ・ロボ（Edu Lobo）、エドガー・ウィンター（Edgar Winter）、
SWV（Sisters with Voices）、エミリー・シモン（Emilie Simon）、
エモーションズ（The Emotions）、エリオット・ヤミン（Elliott Yamin）、
エリカ・バドゥ（Erykah Badu）、エリーシャ・ラヴァーン（Elisha La'verne）、
エリック・アレキサンダー・クアルテット（Eric Alexander Quartet）、
エリック・ジョンソン（Eric Johnson）、エリック・ベネイ（Eric Benét Jordan）、
エリック・モングレイン（Erik Mongrain）、
LAエクスプレス（L.A.Express）（トム・スコット（Tom Scott））、

エル・デバージ（El Debarge）、エル・ヴァーナー（Elle Varner）、
エルナン・ロペス・ヌッサ（Ernán López-Nussa）、エルヴィン・ジョーンズ（Elvin Jones）、
オーティス・クレイ（Otis Clay）、オーティス・ラッシュ（Otis Rush）、
オスカー・カストロ・ネヴィス（Oscar Castro-Neves）、
オスカー・ピーターソン（Oscar Peterson）、オズ・ノイ（Oz Noy）、
オハイオ・プレイヤーズ（Ohio Players）、オマー（Omar）、
オマリオン&マーカス・ヒューストン（Omarion & Marques Houston）、
オリアンティ（Orianthi）、オール・4・ワン（All-4-One）、カーキ・キング（Kaki King）、
カーク・フランクリン（Kirk Franklin）、カート・カー（Kurt Carr）、
カート・ローゼンウィンケル（Kurt Rosenwinkel）、カーメン・マクレエ（Carmen McRae）、
カーラ・ボノフ&ジミー・ウェッブ（Karla Bonoff & Jimmy Webb）、
カール・アンダーソン（Carl Anderson）、カール・デンソン（Karl Denson）、
カイル・イーストウッド（Kyle Eastwood）、カウボーイ・ジャンキーズ（Cowboy Junkies）、
カウント・ベイシー・オーケストラ（Count Basie）、
カサンドラ・ウィルソン（Cassandra Wilson）、カマシ・ワシントン（Kamasi Washington）、
ガトー・バルビエリ（Gato Barbieri）、ガヴァメント・ミュール（Gov't Mule）、
ガブリエラ・アンダース（Gabriela Anders）、ガブリエル・アプリン（Gabrielle Aplin）、
カラー・ミー・バッド（Color Me Badd）、カラパナ（Kalapana）、
カリフォルニア・ギター・トリオ（California Guitar Trio）、ガル・コスタ（Gal Costa）、
ガイ（Guy）、キエラ・キキ・シェアード（Kierra Kiki Sheard）、キザイア・ジョーンズ（Keziah Jones）、
キナ・グラニス（Kina Grannis）、キース・スウェット（Keith Sweat）、
キャリン・ホワイト（Karyn White）、キャロル・スローン（Carol Sloane）、
キャロン・ウィーラー（Caron Wheeler）、キャンディ・ステイトン（Candi Staton）、
キャンディー・ダルファー（Candy Dulfer）、ギルバート・オサリバン（Gilbert O'Sullivan）、
キング（King）、クール&ザ・ギャング（Kool & The Gang）、
グールー・ジャズマタズ（Guru's Jazzmatazz）、クラウドベリー・ジャム（Cloudberry Jam）、
グランド・スラム（Grand Slam）、クラウン・シティ・ロッカーズ（Crown City Rockers）、
クリス・コナー（Chris Connor）、クリスチャン・マクブライド（Christian McBride）、
クリストファー・クロス（Christopher Geppert Cross）
（&マイケル・マクドナルド（Michael McDonald））、クリス・デイヴ（Chris Dave）、
クリス・ボッティ（Chris Botti）、ザ・クルセイダーズ（The Crusaders）、
クリセット・ミッシェル（Chrisette Michele）、ザ・グレイト・ジャズ・トリオ（The Great Jazz Trio）、
グレッグ・オズビー（Greg Osby）、グレッグ・オールマン（Gregg Allman）、
クレモンティーヌ&カルロス・リラ（Clémentine & Carlos Lyra）、
グレン・ミラー・オーケストラ（Glenn Miller Orchestra）、
グローヴァー・ワシントン・Jr（Grover Washington, Jr）、ケー・シー&ジョジョ（K-CI&JOJO）、
ケイス&モンテル・ジョーダン（Case & Montell Jordan）、KTタンストール（KT Tunstall）、

ケオラ・ビーマー（Keola Beamer）、ケニー・ギャレット（Kenny Garrett）、
ケニー・ドリュー（Kenny Drew）、ケニー・バレル（Kenny Burrell）、
ケニー・ランキン（Kenny Rankin）、ケヴィン・リトル（Kevin Lyttle）、
ケビン・レトー（Kevyn Lettau）、ケリ・ノーブル（Keri Noble）、
ゲイリー・バートン（Gary Burton）、コートニー・パイン（Courtney Pine）、
コーネル・デュプリー（Cornell Dupree）、ザ・ステイプル・シンガーズ（The Staple Singers）、
ザ・ブロンクス・マス・クワイアー（The Bronx Mass Choir）、
エドウィン・ホーキンス（Edwin Hawkins）、
イスラエル& New Breed（Israel & New Breed）、
コモン（Common）、コラリー・クレモン（Coralie Clément）、
コリン・ブランストーン（Colin Blunstone）、コン・ファンク・シャン（Con Funk Shun）、
ゴンサロ・ルバルカバ（Gonzalo Rubalcaba）、
サウンズ・オブ・ブラックネス（Sounds of Blackness）、
ザ・キングストン・トリオ（The Kingston Trio）、ザップ（Zapp）、
ザ・バッド・プラス（The Bad Plus）、サード・ワールド（Third World）、
サーフィス（Surface）、サラ・ガザレク（Sara Gazarek）、
サリナ・ジョーンズ（Salena Jones）、C+Cミュージック・ファクトリー（C+C Music Factory）、
シーナ・イーストン（Sheena Easton）、シーネ・エイ（Sinne Eeg）、シーラ・E（Sheila E）、
J.D.サウザー（John David Souther）、ジェイソン・チャンピオン（Jason Champion）、
ジェイムス・イングラム（James Ingram）、ジェームス・ギャドソン（James Gadson）、
ジェイムス・コットン（James Cotton）、J.J.ジョンソン（J.J.Johnson）、
JT・テイラー（J.T. Taylor）、ジェシー・ハリス（Jesse Harris）、
ジェーン・モンハイト（Jane Monheit）、ジェーン・バーキン（Jane Birkin）、
ジェシ・ヴァン・ルーラー（Jesse van Ruller）、ジェニファー・ウォーンズ（Jennifer Warnes）、
ジェフ・ローバー（Jeff Lorber）、ジェファーソン・スターシップ（Jefferson Starship）、
ジェフリー・オズボーン（Jeffrey Osborne）、ジェラルド・アルブライト（Gerald Albright）、
シェリル・リン（Cheryl Lynn）、シスター・スレッジ（Sister Sledge）、
シダー・ウォルトン（Cedar Walton）、ジノ・ヴァネリ（Gino Vannelli）、
ジミー・クリフ（Jimmy Cliff）、ジミー・スコット（Jimmy Scott）、
ジミー・スミス（Jimmy Smith）、ジム・メッシーナ（Jim Messina）、
ジム・オルーク（Jim O'Rourke）、ジム・ホール&ロン・カーター（Jim Hall & Ron Carter）、
シム・レッドモンド（Sim Redmond Band）、ジャグアー・ライト（Jaguar Wright）、
シャソール（Chassol）、シャーリーン・スミス（Charlene Smith）、シャギー（shaggy）、
ジャザノヴァ（Jazzanova）、ジャッキー・マクリーン（Jackie McLean）、
ジャッキー・テラソン（Jacky Terrasson）、ジャック・ブルース（Jack Bruce）、
シャニース（Shanice）、ジャニス・イアン（Janis Ian）、ジャネット・ケイ（Janet Kay）、
シャラマー（Shalamar）、シャーリー・ホーン（Shirley Horn）、

ジャロッド・ローソン（Jarrod Lawson）、ジュニア・ウェルズ（Junior Wells）、
ジュリア・フォーダム（Julia Fordham）、ジョアン・ボスコ（João Bosco）、
ジョイス（Joyce）、ジョイス・クーリング（Joyce Cooling）、ジョヴァンカ（Giovanca）、
ジョス・ストーン（Joss Stone）、ジョー・ウイリアムス（Joe Williams）、ジョー（Joe）、
ジョー・サンプル（Joe Sample）、ジョー・パス（Joe Pass）、
ジョージ・アダムス（George Adams）、ジョージ・クリントン（George Clinton）、
ジョージ・デューク（George Duke）、ジョージ・ハワード（George Howard）、
ジョージ・ベンソン（George Benson）、ジョーン・オズボーン（Joan Elizabeth Osborne）、
ショーン・ポール（Sean Paul）、ジョシュア・レッドマン（Joshua Redman）、
ジョナサン・バトラー（Jonathan Butler）、ジョニー・ギル（Johnny Gill）、
ジョン・アバークロンビー（John Abercrombie）、
ジョン・ウェットン&ジェフ・ダウンズ（John Wetton & Geoff Downes）、
ジョン・オーツ（John Oates）、ジョン・スコフィールド（John Scofield）、
ジョン・ハイアット（J.Hiatt）、ジョン・マクラフリン（John McLaughlin）、
ジョン・テイラー（John Taylor）、ジョン・トロペイ（John Tropea）、
ジョン・ピザレリ（John Pizzarelli）、シルク（Silk）、シルヴィ・バルタン（Sylvie Vartan）、
ザ・シー・アンド・ケイク（The Sea and Cake）、シーウィンド（Seawind）、
スウィートボックス（Sweetbox）、スウィング・アウト・シスター（Swing Out Sister）、
スクイーズ（Squeeze）、スコット・ハミルトン（Scott Hamilton）、
スコット&リバース（Scott & Rivers）、スザンヌ・ヴェガ（Suzanne Vega）、
スタイリスティックス（The Stylistics）、スタンリー・クラーク（Stanley Clarke）、
スタンリー・ジョーダン（Stanley Jordan）、ステイシー・オリコ（Stacie Orrico）、
スティックメン（Stick Men）、スティーヴン・ビショップ（Stephen Bishop）、
スティービーB（Stevie B）、スティーヴ・ヴァイ（Steve Vai）、
スティーヴ・ハケット（Steve Hackett）、スティーヴ・ルカサー（Steve Lukather）、
スティーブ・ルカサー&ヌーノ・ベッテンコート（Steve Lukather & Nuno Bettencourt）、
スティーリー・ダン（Steely Dan）、ステフ・ポケッツ（Steph Pockets）、
スノーボーイ（Snowboy）、スパイロ・ジャイラ（Spyro Gyra）、スピーチ（Speech）、
スピードメーター（Speedometer）、スピナーズ（Spinners）、スラヴァ（Слава）、
スリム・ジム・ファントム（Slim Jim Phantom）、スリー・ディグリーズ（The Three Degrees）、
セイント・エティエンヌ（Saint Etienne）、セシリア・ノービー（Cæcilie Norby）、
セシリオ・アンド・カポノ（Cecilio & Kapono）、セルジオ・メンデス（Sergio Mendes）、
ソーニャ・キッチェル（Sonya Kitchell）、ソウライブ（Soulive）、
ソウルⅡソウル（Soul II Soul）、Sa-Ra（Sa-Ra Creative Partners）、
ソフィー・ミルマン（Sophie Milman）、ソフト・マシーン・レガシー（Soft Machine Legacy）、
ソロ（Solo）、ダーティー・ダズン・ブラス・バンド（Dirty Dozen Brass Band）、
ダーティ・ループス（Dirty Loops）、ダイアナ・クラール（Diana Krall）、

ダイアナ・キング（Diana King）、ダイアン・シューア（Diane Schuur）、
ダイアン・バーチ（Diane Birch）、ダイアン・リーヴス（Dianne Reeves）、
タイ・トリベット（Tye Tribbett）、タヴァレス（Tavares）、
ダスコ・ゴイコヴィッチ（Dusko Goykovich）、ダズ・バンド（Dazz Band）、
タック&パティ（Tuck & Patti）、タニア・マリア（Tania Maria）、
ダニエル・ラノワ（Daniel Lanois）、タル・ウィルケンフェルド（Tal Wilkenfeld）、
タワー・オブ・パワー（Tower of Power）、ターラ・プリーヤ（Tara Priya）、
ダン・シーゲル（Dan Siegel）、チック・コリア（Chick Corea）、
チャカ・カーン（Chaka Khan）、
チャック・ブラウン&ソウル・サーチャーズ（Chuck Brown&The Soul Searchers）、
チャーネット・モフェット（Charnett Moffett）、チャーリー・ウィルソン（Charlie Wilson）、
チャーリー・ハンター（Charlie Hunter）、チャーリー・ヘイデン（Charlie Haden）、
テイク6（Take 6）、
ディッキー・ベッツ&グレート・サザン（Dickey Betts & Great Southern）、
DJプレミア（DJ Premier）、ディー・ディー・ブリッジウォーター（Dee Dee Bridgewater）、
ディープ・バナナ・ブラックアウト（Deep Banana Blackout）、
デイヴ・ウェックル（Dave Weckl）、デイジー・ガレスピー（Dizzy Gillespie）、
ティト・プエンテ（Tito Puente）、デイヴィ・ジョーンズ（Davy Jones）、
ティファニー（Tiffany）、デイム・ファンク（DâM-Funk）、デオダート（Deodato）、
TLC、デニス・ラサール（Denise LaSalle）、テディー・ライリー（Teddy Riley）、
デヴィッド・サンボーン（David Sanborn）、デヴィッド・ベノワ（David Benoit）、
デヴィッド・T・ウォーカー（David T. Walker）、デビー・ギブソン（Debbie Gibson）、
デューク・エリントン・オーケストラ（Duke Ellington Orchestra）、
テラス・マーティン（Terrace Martin）、デ・ラ・ソウル（De La Soul）、
テリー・キャリアー（Terry Callier）、テリー・ボジオ（Terry John Bozzio）、
テレンス・ブランチャード（Terence Blanchard）、
トゥーツ・シールマンス（Toots Thielemans）、ドゥウェレ（Dwele）、Dr.ジョン（Dr. John）、
トッド・ラングレン（Todd Rundgren）、トニー！トニー！トニー！（Tony Toni Tone）、
トニー・ウィリアムス（Tony Williams）、トータス（Tortoise）、
トミー・エマニュエル（Tommy Emmanuel）、トニー・ハードリー（Tony Hadley）、
トニー・ベネット（Tony Bennett）、トニー・マカパイン（Tony MacAlpine）、
トニーニョ・オルタ（Toninho Horta）、ドン・フェルダー（Don Felder）、
ドン・フリードマン（Don Friedman）、トミー・フラナガン（Tommy Flanagan）、
トム・スコット（Tom Scott）、ナイアシン（Niacin）、ナイル・ロジャース（Nile Rodgers）、
ナジー（Najee）、ナタリー・コール（Natalie Cole）、
ナタリー・ダンカン（Natalie Duncan）、ナチュラリー7（Naturally 7）、
ナレオ（Na Leo）、ナンシー・ウィルソン（Nancy Wilson）、

ニール・ラーセン（Neil Larsen）、ニッキー・ジーン（Nikki Jean）、
ニコラ・コンテ（Nicola Conte）、ニック・カーショウ（Nik Kershaw）、
ニック・カーター（Nick Carter）、ニック・ロウ（Nick Lowe）、
ニュー・エディション（New Edition）、ニュートーン（Newtone）、
ザ・ニュー・パワー・ジェネレーション（The New Power Generation）、
ニューヨーク・ヴォイセス（New York Voices）、ネイザン・イースト（Nathan East）、
ネイト・ジェームス（Nate James）、ネッド・ドヒニー（Ned Doheny）、
ノーティー・バイ・ネイチャー（Naughty By Nature）、
ノーマン・ブラウン（Norman Brown）、ノーランズ（The Nolans）、
ハイ・ラマズ（The High Llamas）、バーケイズ（The Bar-Kays）、
バーシア（Basia）、ハービー・ハンコック（Herbie Hancock）、
ハーヴィー・メイソン（Harvey Mason）、ハイラム・ブロック（Hiram Bullock）、
バイロン・ケージ（Byron Cage）、パキート・デリベラ（Paquito D'Rivera）、
パット・マルティーノ（Pat Martino）、パット・メセニー（Pat Metheny）、
パティ・オースティン（Patti Austin）、パティ・スミス（Patti Smith）、
ヴァネッサ・ウィリアムス（Vanessa Williams）、ハパ（HAPA）、
パブロ・シーグレル（Pablo Ziegler）、ハリー・アレン（Harry Allen）、
ハワード・ジョーンズ（Howard Jones）、ハワード・ヒューイット（Howard Hewett）、
ハンク・ウイリアムスⅢ（Hank Williams）、ヴィクター・ウッテン（Victor Wooten）、
BT・エクスプレス（Brooklyn Trucking Express）、B.B.キング（B. B. King）、
ピーター・シンコッティ（Peter Cincotti）、ビーニ・マン（Beenie Man）、
ピート·ロック& CLスムース（Pete Rock & CL Smooth）、
ビーチ・ボーイズ（The Beach Boys）、B.ハワード（B. Howard）、
BJ・ザ・シカゴ・キッド（BJ the Chicago Kid）、ピーボ・ブライソン（Peabo Bryson）、
ビッグ・マウンテン（Big Mountain）、ビリー・エクスタイン（Billy Eckstine）、
ビル・エヴァンス（Bill Evans）、ビル・フリゼール（Bill Frisell）、
ビル・ブルーフォード（Bill Bruford）、ザ・ファーサイド（The Pharcyde）、
ファブリッツィオ・ボッソ・クァルテット（Fabrizio Bosso Quartet）、
ファンキー・ミーターズ（The funky Meters）、ファンテイジア（Fantasia）、
フィフス・ディメンション（The Fifth Dimension）、フィリップ・セス（Philippe Saisse）、
フィリップ・ベイリー（Philip Bailey）、フィル・ウッズ（Phil Woods）、
フェイス・エヴァンス（Faith Evans）、フォープレイ（Fourplay）、
ファイヴ・コーナーズ・クインテット（Five Corners Quintet）、
ファラオ・サンダース（Pharoah Sanders）、フレディ・ハバード（Freddie Hubbard）、
ブライアン・ブレイド（Brian Blade）、ブライアン・ブロンバーグ（Brian Bromberg）、
ブライアン・マックナイト（Brian McKnight）、ザ・ブラクストンズ（The Braxtons）、
ブラザーズ・ジョンソン（Brothers Johnson）、ザ・ブラザーズ・フォア（The Brothers Four）、

プラチナ・ジャズ・オーケストラ（Platina Jazz Orchestra）、
ブラックストリート（Blackstreet）、ブラッド・メルドー（Brad Mehldau）、
フランク・マッコム（Frank McComb）、ブランディ（Brandy）、
ブランドン・コールマン（Brandon Coleman）、
ザ・ブラン・ニュー・ヘヴィーズ（The Brand New Heavies）、
ブランフォード・マルサリス（Branford Marsalis）、プリシラ・アーン（Priscilla Ahn）、
ブルース・ブラザーズ・バンド（The Blues Brothers Band）、ブレイケストラ（Breakestra）、
ブレッカー・ブラザーズ（Brecker Brothers）、フレディ・ジャクソン（Freddie Jackson）、
フレドリカ・スタール（Fredrika Stahl）、ブレンダ・ラッセル（Brenda Russell）、
フローラ・プリム・アンド・アイアート・モレイラ（Flora Purim & Airto Moreira）、
プロカッションズ（Procussions）、プロコル・ハルム（Procol Harum）、
ブロンド・レッドヘッド（Blonde Redhead）、ブーツィー・コリンズ（Bootsy Collins）、
ヘイリー・ロレン（Halie Loren）、
ケニー"ベイビーフェイス"エドモンズ（Kenny "Babyface" Edmonds）、
ベイカー・ブラザーズ（Baker Brothers）、ベニー・シングス（Benny Sings）、
ヘゼカイア・ウォーカー（Hezekiah Walker）、ベティ・カーター（Betty Carter）、
ベティ・ライト（Betty Wright）、ベティ・ラヴェット（Bettye LaVette）、
ベニー・カーター（Benny Carter）、ベベウ・ジルベルト（Bebel Gilberto）、
ベリンダ・カーライル（Belinda Carlisle）、ベルリン（Berlin）、
ヘレン・メリル（Helen Merrill）、ベン・E・キング（Benjamin Earl King）、
ベン・シドラン（Ben Sidran）、ザ・ベンチャーズ（The Ventures）、
ホセ・ゴンザレス（José Gabriel González）、ホセ・ジェイムズ（José James）、
ボーイ（BOY）、ボーイズⅡメン（Boyz II Men）、ポール・ウィリアムス（Paul Williams）、
ポール・ジャクソン（Paul Jackson）、ボーン・クレイン（Born Crain）、
ボズ・スキャッグス（Boz Scaggs）、ホッド・オブライエン（Hod O'Brien）、
ボビー・ウーマック（Bobby Womack）、ボビー・ブラウン（Bobby Brown）、
ジョニー・ギル（Johnny Gill）、ラルフ・トレスヴァント（Ralph Tresvant）、
ボビー"ブルー"ブランド（Bobby "Blue" Bland）、ボビー・コールドウェル（Bobby Caldwell）、
ボビー・ハッチャーソン（Bobby Hutcherson）、ボビー・ヘブ（Bobby Hebb）、
ボブ・ジェームス（Bob James）、ホリー・コール（Holly Cole）、ホンネ（HONNE）、
マジック・ディック（Magic Dick）、
マシュー・スウィート&スザンナ・ホフス（Matthew Sweet & Susanna Hoffs）、
マーカス・ミラー（Marcus Miller）、マーカス・ヒューストン（Marques Houston）、
マーク・ホイットフィールド（Mark Whitfield）、マイク・クラーク（Mike Clark）、
マーク・ジュリアナ（Mark Guiliana）、マーサ・ウェインライト（Martha Wainwright）、
マイク・スターン（Mike Stern）、マイク・マイニエリ（Mike Mainieri）、
マイケル・キワヌーカ（Michael Kiwanuka）、マイケル・フランクス（Michael Franks）、

マイケル・ブレッカー（Michael Brecker)、
マイルス・エレクトリック・バンド（Miles Electric Band)、
マキシ・プリースト（Maxi Priest)、マッコイ・タイナー（McCoy Tyner)、
マット・ビアンコ（Matt Bianco)、マデリン・ペルー（Madeleine Peyroux)、
ママス&パパス（The Mamas & the Papas)、ママズ・ガン（Mamas Gun)、
マリア・マルダー（Maria Muldaur)、マリオ（Mario)、
マリーナ・ショウfeaturing チャック・レイニー（Marlena Shaw featuring Chuck Rainey)、
デヴィッド・T・ウォーカー（David T. Walker)、ハーヴィー・メイソン（Harvey Mason)、
ラリー・ナッシュ（Larry Nash)、マル・ウォルドロン（Mal Waldron)、
マルコス・ヴァーリ（Marcos Valle)、
マンハッタン・ジャズ・クインテット（Manhattan Jazz Quintet)、
マンハッタン・トランスファー（Manhattan Transfer)、マンハッタンズ（The Manhattans)、
ミシェル・カミロ&トマティート（Michel Camilo & Tomatito)、
ミシェル・シャプロウ（Michelle Shaprow)、
ミシェル・ペトルチアーニ（Michel Petrucciani)、
ミシェル・ンデゲオチェロ（Meshell Ndegeocello)、ミック・テイラー（Mick Taylor)、
ミュージック・ソウルチャイルド（Musiq Soulchild)、
ミント・コンディション（Mint Condition)、ミルト・ジャクソン（Milt Jackson)、
メイシオ・パーカー（Maceo Parker)、メイシー・グレイ（Macy Gray)、
メイナード・ファーガソン（Maynard Ferguson)、メイヤ（Meja)、
メイヤー・ホーソーン（Mayer Hawthorne)、メゾフォルテ（Mezzoforte)、
メリサ・マンチェスター（Melissa Manchester)、メン・アット・ワーク（Men At Work)、
モス・デフ（Mos Def)、モーガン・ヘリテイジ（Morgan Heritage)、
モダン・ジャズ・カルテット（Modern Jazz Quartet)、ヤエル・ナイム（Yael Naim)、
ヤードバーズ（The Yardbirds)、ヤン・アッカーマン（Jan Akkerman)、
ユセフ・カマール（Yussef Kamaal)、ユッスー・ンドゥール（Youssou N'Dour)、
ヨーマ・コウコネン（Jorma Kaukonen)、ヨーロピアン・ジャズ・トリオ（European Jazz Trio)、
ライオネル・ハンプトン（Lionel Hampton)、ラウル・ミドン（Raúl Midón)、
ラサーン・パターソン（Rahsaan Patterson)、ラシェル・フェレル（Rachelle Ferrell)、
ラスマス・フェイバー（Rasmus Faber)、ラムゼイ・ルイス（Ramsey Lewis)、
ラリー・カールトン（Larry Carlton)、ラリー・グラハム&グラハム・セントラル・ステーション（Larry Graham & Graham Central Station)、
ラリー・ゴールディングス（Larry Goldings)、ラリー・コリエル（Larry Coryell)、
ラリー・ハーロウ（Larry Harlow)、ラルフ・マクドナルド（Ralph MacDonald)、
ザ・リアル・グループ（The Real Group)、リアン・ラ・ハヴァス（Lianne La Havas)、
リー・リトナー &デイヴ・グルーシン（Lee Ritenour & Dave Grusin)、
リー・コニッツ（Lee Konitz)、リーラ・ジェイムス（Leela James)、

リオン・ウェア（Leon Ware）、リサ・ローブ（Lisa Loeb）、
リシャール・ガリアーノ（Richard Galliano）、リズ・ライト（Lizz Wright）、
リタ・クーリッジ（Rita Coolidge）、リチャード・トンプソン（Richard Thompson）、
リチャード・ボナ（Richard Bona）、リチャード・マークス（Richard Marx）、
リッキー・リー・ジョーンズ（Rickie Lee Jones）、リック・ウェイクマン（Rick Wakeman）、
リック・スプリングフィールド（Rick Springfield）、
リッチー・フューレイ（Richie Furay）、ザ・リッピントンズ（THE Rippingtons）、
リトル・フィート（Little Feat）、リバース（Riverse）、リビー・ジャクソン（Rebbie Jackson）、
リマール（Limahl）、リンジー・スターリング（Lindsey Stirling）、
リンダ・ルイス（Linda Lewis）、ルイ・ヴェガ（Louie Vega）、
ルー・ドナルドソン（Lou Donaldson）、
ルーファスfeaturingトニー・メイデン（Rufus featuring Tony Maiden）、
アル・マッケイ（Al McKay）、レオ・ノセンテリ（Leo Nocentelli）、
ルーマー（Rumer）、ザ・ルーツ（The Roots）、ルー・ロウルズ（Lou Rawls）、
ルル・ゲンズブール（Lulu Gainsbourg）、レイクサイド（Lakeside）、
レイ,グッドマン&ブラウン（Ray, Goodman & Brown）、
レイチェル・ヤマガタ（Rachael Yamagata）、
レイ・パーカー・Jr. &レイディオ（Ray Parker, Jr. & Raydio）、
レイ・ブラウン（Ray Brown）、レイラ・ハサウェイ（Lalah Hathaway）、
レオン・ラッセル（Leon Russell）、レジーナ・ベル（Regina Belle）、レタス（Lettuce）、
ザ・レターメン（THE Lettermen）、レディシ（Ledisi）、レベル・42（Level 42）、
レニー・ホワイト（Lenny White）、ロイ・エアーズ withロニー・リストン・スミス（Roy Ayers with special guest Lonnie Liston Smith）、
ロイ・ハーグローヴ（Roy Hargrove）、ロイ・ヘインズ（Roy Haynes）、
ロス・ロボス（Los Lobos）、ロード・フィネスwith special guests ビッグ・ダディ・ケイン（Lord Finesse with special guests Big Daddy Kane）、
ローリン・ヒル（Lauryn Hill）、ローラ・イジボア（Laura Izibor）、
ローラ・フィジィ（Laura Fygi）、ローラ・マヴーラ（Laura Mvula）、
ロッカペラ（Rockapella）、ロックス（ROX）、ロディ・フレイム（Roddy Frame）、
ロニー・ジョーダン（Ronny Jordan）、ロバータ・フラック（Roberta Flack）、
ロバート・グラスパー（Robert Glasper）、ロベン・フォード（Robben Ford）、
ロリーン（Loreen）、ロン・カーター（Ron Carter）、ロン・セクスミス（Ron Sexsmith）、
ワーク・シャイ（Workshy）、ザ・ワイルド・マグノリアス（THE Wild Magnolias）、
ワンダ・サー（Wanda Sá）、112（112 ~REUNION~）

当社クラブ&レストランの出演者リスト　邦楽

1996カルテット、相川七瀬、青木カレン、青紀ひかり、上妻宏光、αステーション(KYOTO STYLE)、阿川泰子、阿川泰子meets松岡直也、阿川泰子 with special guest熊谷和徳、阿川泰子 Special Duet with カルロス菅野、赤木りえ、吾妻光良&The Swinging Boppers、akiko、akiko featuring GENTLE FOREST JAZZ BAND、上妻宏光、アキコ・グレース、AKIHIDE、秋元順子、AQUAPIT featuring Ken Ota with special guest RHYMESTER、秋吉敏子、麻倉未稀&牧山純子、朝崎郁恵、urb、安富祖貴子、AMAZONS、天野清継·国府弘子、AJO+阿川泰子、AJO+朝丘雪路、AJO+欧陽菲菲、AJO+大西ユカリ、AJO+伊東ゆかり、AJO+稲垣潤一、AJO+加藤ヒロユキ・サキタハヂメ、AJO+角松敏生、AJO+マリーン、AJO+南里沙、AJO+渡辺真知子、AJO+鈴木重子、AJO+木村充揮、AJO+越智順子・押尾コータロー、AJO+佐々木秀実、佐山雅弘、AJO+徳永延生、AJO+坂本スミ子&石井聖子、安達久美、中孝介、a flood of circle、"ABEDON SPECIAL 2DAYS "BLACK AND WHITE"featuring 八熊慎一・奥田民生・木内健・斎藤有太"、"有山岸香（ありやまぎしか）有山じゅんじ 山岸潤史 香西かおり"、杏里、五十嵐はるみ、池田聡、石川セリ、石田純一&熊本マリ、石丸幹二、一路真輝、五木ひろし、ET-KING、伊藤君子、伊藤君子&小曽根真、伊東たけし&宮崎隆睦、稲垣潤一、稲本渡 / MaL with兵庫芸術文化センター strings、井上陽水、INO hidefumi、井山大今、今井美樹with 倉田信雄、五輪真弓、イルカ、岩城滉一&宇崎竜童、宇崎竜童、宇崎竜童&御堂筋ブルースバンド with 野本有流、宇崎竜童&横田明紀男、岩崎宏美、indigo jam unit、ウィンタープレイ、上江洌清作&The BK Sounds!、上間綾乃、植村花菜、上田正樹、上田正樹 withスライ&ロビー、植田真梨恵、上原ひろみ、上原ひろみ&熊谷和徳、ウェストロード・ブルース・バンド、ウンサン、H ZETTRIO、ESCOLTA、m.c.A・T. & Betchin'、EPO、EPO with ハックルバック、Aimer、大阪ジャズフェスティヴァル、大阪ニューイヤー・フェスティバル、GW Special Night、サマータイム・ジャズ・フェスティバル、大澤誉志幸、大澤誉志幸&山下久美子、大島保克 With ジェフリー・キーザー、大塚愛、大友康平、大西順子、大西順子/菊地成孔、大貫妙子、大貫妙子&山弦、大貫妙子（K'DO)、大野雄二、大橋純子、大林武司、岡幸二郎、岡本真夜、沖仁、沖仁 com 渡辺香津美、沖仁 with JAM、小曽根真、小曽根真&エリス・マルサリス、小曽根真&塩谷哲DUO、小曽根真 featuring "No Name Horses"、ディブ・ウェックル&小曽根真、織田哲郎、織田哲郎×オルケスタ・デ・ラ・ルス、小野リサ、小野リサ&パウロ・ジョビン、小野リサ&ダニエル・ジョビン、小野リサ&レニー・アンドラーヂ、大橋トリオ、小沼ようすけ、小沼ようすけ/スティーヴン·フェローン/リンカン・ゴーインズ、鬼束ちひろ、Ovall、ORIGINAL LOVE、オルケスタ・デ・ラ・ルス、orange pekoe、OVERGROUND ACCORSTIC UNDERGROUND、甲斐よしひろ、CASIOPEA 3rd、カジヒデキ、柏木広樹、柏木広樹 with special guest 塩谷哲、柏木広樹featuring 佐藤竹善、梶芽衣子、加藤ヒロユキ、勝手にしやがれ、角松敏生、金子ノブアキ、金子隆博、辛島文雄、辛島美登里、カルメラ、カルロス管野、カルロス・トシキ、川井郁子、川上つよしと彼のムードメーカーズ、河口恭吾、川畑要、河村隆一、菊地成孔（withカヒミ・カリイ）、菊地成孔・南博、菊地成孔ダブ・セクステット、菊地成孔とぺぺ・トルメント・アスカラール、木住野佳子、木住野 佳子 meets 白鳥英美子、岸田敏志、北山陽一、キマグレン、木村大 with 押尾コータロー、木村充揮、岸谷香、岸谷香&渡辺敦子、GIZA JAZZ（2010~O-TOWN Jazz）、奇妙礼太郎、清塚信也、霧矢大夢、KIRINJI、KYOTO JAZZ MASSIVE、クオシモード、工藤静香、熊谷和徳、熊谷和徳&オマール・ソーサ、熊木杏里、Crystal Kay、クレイジーケンバンド、黒木渚、黒田卓也、GREAT3、GRAPEVINE（グレイプバイン）、クリヤマコト（akiko , NAOTO）、COOLS、Keishi Tanaka、K2C SUNSHINE BAND、KenKen's Party、Kenji Sano、黒沢薫（ゴスペラーズ）、黒沢健一 with KACTUS、grooveline、鷺巣詩郎・露崎春女、GENTLE 3、小泉今日子、纐纈歩美、倖田來未、KOKIA、小坂明子&ヒナタカコ、小坂忠&Soul Connection（細野晴臣）、小坂忠、コジカナヤマ（小島良喜、金澤英明、山木秀夫）with Shiho、小島麻由美 with 塚本功&勝手にしやがれ、コシミハル、ゴスペラーズ、ゴダイゴ、Gotch、小松亮太、小松亮太&大貫妙子、小松亮太 with ゴンチチ、小松亮太&オルケスタ・ティピカ、小林香織、小林桂、小比類巻かほる、coba、古武道、小室哲哉 featuring 坂本美雨、小柳ゆき、近藤房之助、国府弘子、Saigenji、西郷輝彦、斎藤圭土、斎藤圭土 & アクセル・ツヴィンゲンベルガー、斉藤由貴、さかいゆう、佐藤竹善、冴木杏奈、堺正章とクレイジーケンバンド、榊原大、榊原大 with SINSKE、崎谷健次郎、SAKURA、櫻井哲夫、櫻井哲夫&DIMENSION、櫻井哲夫&春畑道哉、櫻井哲夫&本田雅人、櫻井哲夫with Mr.SERA、櫻井哲夫with NORA、櫻井哲夫&世良公則、指田郁也、ZAZEN BOYS、佐野元春、THE MAN with チャーリー・コーセイ、サラ・オレイン、沢知恵、沢田知可子、Saya、Salyu × 小林武史、サーカス、シアター・ブルック、ジアナ・ヴィスカルヂ&ミッヒ・フジオカ+ナオミ&ゴロー、椎名純平、Sugar & The Honey Tones、シーナ&ロケッツ、塩谷哲、塩谷哲&矢井田瞳、上々颱風、姿月あさと、柴咲コウ、柴田淳、渋谷慶一郎、島谷ひとみ、島田歌穂、Jazztronik（野崎良太）、JAY'ED、JAY'ED with MS.OOJA、JAY'ED with TEE、JERO、The Jazz lady、ジャミン・ゼブ、ジャンクフジヤマ、JAM、庄野真代、J&O（2012~原順子 with 叶 央介、2018 2VOICE）、JAYWALK（JAYWALK5、THE JAYWALK含む）、SHOGUN、JUJU、純名里沙 with 笹子重治、シュークリームシュ、Shuya Okino、ジョー山中、施鐘泰（JONTE /ジョンテ）、白井貴子、JiLL-Decoy association、スイート・ヴォイス、須川展也&ロン・カーター、菅原小春、すぎもとまさと&湯原昌幸、杉山清貴、Skoop On Somebody、鈴木聖美、鈴木重子、鈴木重子&木住野佳子、鈴木重子&コーコーヤ、鈴木茂×INO hidefumi、鈴木茂とハックルバックル with 吉田美奈子、鈴木康博、須永和広、スパニッシュ・コネクション、スフィアズ（山中千尋）、Special Others、SFKUaNK!!!、THREESOME（マリーン、吉田次郎、クリヤ・マコト）、SLEEP WALKER、3G（吉田建 仲井戸麗市 村上秀一）、sebuhiroko、7（seven）-村上ポンタ秀一他、cero、Sembello、Sembello with 茂木欣一、"Sembello featuring Tatsu/栗原務With Special Guest 谷中敦（東京スカパラダイスオーケストラ）”、センチメンタル・シティ・ロマンス with伊勢正三・山本潤子、センチメンタル・シティ・ロマンス with 鈴木茂&鈴木雄大、SOIL&”PIMP”SESSIONS、ソウル・ボッサ・トリオ、SOUL BIRD CHOIR 15thアニバーサリー（ゲスト:土屋アンナ）、ソノダバンド、SOFFet withカルメラ&クリヤマコト、SALT+TOKU+GEN、高田漣、高野寛×畠山美由紀×おおはた雄一、高橋克典、高畑充希、Tak Matsumoto & Daniel Ho、タケカワユキヒデ、タケカワユキヒデ + AJO、武田真治 feat.Fried Pride Guest SUGIZO、たなかりか、玉置浩二、Chie&セルソ・フォンセカ、チキンシャック、CHAR、チャットモンチー、Chara feat.鳥山雄司、Chara、Chara ×韻シストBAND、TK from 凛として時雨、TKY、ティナ・ターナー、ティーナ・カリーナ/Rake、DEEN、DE DE MOUSE、DEPAPEPE、つのだ☆ひろ、つるの剛士、土屋アンナ、露崎春女、露崎春女&国府弘子、DIMENSION、ティーナ・カリーナ、Def Tech、寺尾聰、手嶌葵、TETSUJINO、寺井尚子、寺井尚子+小林桂、寺内タケシ、doa、堂珍嘉邦、土岐麻子、土岐麻子 meets Schroeder-Headz、東儀秀樹、DOZAN11、TOKU、TOKU&小沼ようすけSpecial Unit、TOKU with Zeebra、TOKU Group with special guestシシド・カフカ、怒髪天、トワ・エ・モワ、鳥山雄二&本田雅人、”是方博邦・梶原順・安達久美「The 3Guitars!」with 日野””JINO””賢二 & 則竹裕之”、是方・野村・西村&是片・渡辺・野呂、NAOTO、Nao Yoshioka、中田裕二、中西圭三、中西俊博、中塚武 meets SOFFet、中村中 with 根本要、中山うり、夏木マリ~GIBIER du MARI~、七尾旅人、NANIWA EXPRESS、中川晃教、中田裕二、中西圭三、中西保志、中村あゆみ、Nulbarich × LUCHY TAPES、西田ひかる、西村由紀江、Nico Toches The Walls、noon、noon with SINSKE Special Guest 横田明紀男（フライド・プライド）、熱帯ジャズ楽団、NOKKO、野宮真貴、ノーナ・リーヴス、野呂一生インスピリッツ、Non Chords、the HIATUS、葉加瀬太郎、ハクエイ・キム、元ちとせ、長谷川きよし、バトル·ジャズ・ビッグバンド、バブルガム・ブラザーズ、はちみつぱい、bird、原田真二、原田知世、PUFFY、Baffalo Doughter、PARACHUTE、Paris match、林田健司、林立夫&沼澤尚、A Hundred Birds、BEGIN、一十三十一、一青窈、日野賢ニ、日野皓正、日野皓正/菊地雅章クインテット、姫野達也、平井大、平賀マリカ、平賀マリカ with AJO、平戸祐介 with bird、平野公崇、HUMAN SOUL、ピラミッド、ビリー・バンバン、【ビルボード・カンファレンス presents】石田純一&熊本マリ、日の出食堂、PYRAMID（鳥山雄司/神保彰/和泉宏隆）× 葉加瀬太郎Guest Musicians: 鈴木雄大・鳥越啓介、PB Session Band（佐橋佳幸、小原礼、Dr.kyOn、屋敷豪太、西慎嗣、柴田俊文、山本拓夫）featuring 元ちとせ、広瀬香美、Being Guitar Summit（元BEING LEGEND）、FIRE HORNS、FIRE BALL、ファナ・モリーナ×原田郁子、福原美穂、藤井尚之、藤井フミヤ、藤田恵美、布施明、フライド・プライド、フライド・プライドwith 佐藤竹善、フライド・プライドwith 米倉利紀、FLYING KIDS、ブラザーズ5、古谷充・ケニーバロン、古内東子、古川展生、brainchild's、ブレッド&バター with鈴木茂、BROAD6（RAG FAIR&INSPi）、BROAD6 & マルシア、Baby Boo、PUSHIM、ヘイロー・オービット、PE'Z、堀内孝雄、堀込泰行、

fox capture plan、FOUR OF A KIND、 本 田 雅 人、HEAD PHONES PRESIDENT、BORO、マイア・ヒラサワ、My Little Lover、MIHIRO、牧山純子 featuring 横田明紀男、真心ブラザーズ、松居慶子、松岡直也、松岡直也（&ピートエスコベード）、松岡直也&和田アキラ NEWユニット、松岡直也&ウィシング、松尾依里佳、松崎しげる、松下奈緒、松谷卓、松永貴志、松永貴志feat. 奥村政佳（RAG FAIR）、Manami Morita、MALTA、MALTA&マリーン、マリーン、マリーン&ベニー・グリーン、マリーン&本田雅人、マリーンsings熱帯JAZZ、マリーン with special guest TAKE（from SOS）、MONDAY満ちる、未唯mie、ミズノマリ（from paris match）、溝口肇、ミッキー吉野、南佳孝、南里沙、三村奈々恵、宮本笑里、雅-MIYAVI-、向井秀徳、村上ゆき、森川七月、森口博子、森昌子、森山良子、MOTORWORKS、八神純子、八神純子with 後藤次利、野獣王国、安岡優（ゴスペラーズ）、山根康広、柳ジョージ、柳ジョージ（&デイブメイソン）、やなわらばー、矢野顕子トリオ featuring ウィル・リー&クリス・パーカー、矢野顕子×上妻宏光、矢野沙織、山岸潤史、山下久美子、山下久美子with 大澤誉志幸、山下洋輔、山中千尋、山本恭司（BOWWOW）・梶原順・安達久美・三浦拓也（DEPAPEPE）「The 4 Guitars!」with 須藤満&平陸、山本潤子、山本達彦、遊佐未森、遊佐未森&鈴木重子、吉田兄弟、吉田健一、吉田美奈子&倉田信雄、吉田美奈子&THE BAND、米倉利紀、LIFE IS GROOVE、RAG FAIR、REAL BLOOD、LITTLE CREATURES、LIP、類家心平、ル ヴェルヴェッツ、"The Renaissance（小原礼&屋敷豪太）、Special Guest 尾崎亜美"、Ryu、流線形と比屋定篤子、りんけんバンド、麗蘭、WASABI、渡辺香津美、渡辺香津美 with NORA、渡辺香津美×村治佳織×村治奏一、渡辺香津美・国分、渡辺香津美xジェフ・バーリンxヴァージル・ドナティ、渡辺香津美プロジェクト清水興/東原力哉他、渡辺香津美feat.本田雅人、渡辺香津美（夢の乱入者BAND）、渡辺香津美&吉田美奈子、"渡瀬マキ（リンドバーグ）with 後藤次利［Guitar☆Man GPK］村上"ポンタ"秀一・北島健二・国吉良一"、渡辺貞夫、渡辺真知子、渡辺美里、和田アキ子、What's Up？、坂本冬美、加藤ミリヤ、桑田佳祐、大黒摩季、小林克也、押尾コータロー、THE BEATNIKS、薬師丸ひろ子

あとがき

〝はじめに〟に書いたとおり、本書は、阪神電鉄という、「石橋をたたいても渡らない」といわれるほど慎重な経営を行なっていた企業に入社した私たち会社員が、「音楽」でお客様を幸せにしたい情熱に突き動かされながら、やがて会社をも動かして音楽ビジネスを駆け上ってきた30年を綴ったものである。手探りで歩んできた道は困難の連続だったが、刺激と達成感に満ちた歳月を過ごすことができた。

本書で私は、会社員といえども、情熱を持って好きな道を歩むことでゼロから文化を創ることができることを示したかった。

情熱を注げるほどの好きな道で生きていきたいと考えている学生諸君の多くは、就職することは人生を諦めることだと考えている方もいるのではないだろうか。もちろん、会社に勤めるということは、そのような面もあることは確かだ。就職することで諦めざるを得ない道もある。

しかし、会社員だから立場を活かしてこそ実現できることがたくさんあり、会社員になっても、〝自身の志〟次第で夢を叶えることは可能だということを伝え、勇気づけたかった。

自分自身、担当事業、所属している会社へ吹いている風の方向性を見極め、タイミングを活かし、諦めなければ、夢は必ず実現すると自分に言いきかせながらここまで走り続けてきた。

最後にビルボードジャパンを電車に例えてみた。

山崎と宮崎が造ったビルボード号は、私を運転手に指名しながら、いろんな駅で、ストイックだが優秀なサラリーマンを乗せてレールのない線路をスピードをあげてオンリーワンの音楽文化を創るべく走っている。最近は、アジアの同志と手を携えつつ海を超えて行きそうな勢いもあるが、時代は自動運転を求めているかも知れないなぁ。

完読いただき、ありがとうございました！

著者

Special Thanks

このような機会を作ってくれた

岡田編集長並びにダイヤモンド・ビジネス企画の皆様、

夢を信じ不屈の闘志で挑まれた阪神電鉄の諸先輩、

苦労を分かち合い、喜びをともにしてきた

大切な当社スタッフとその家族の皆様、

すばらしい芸術を生み出し続ける国内外のアーティスト、

それを支える関係者、クルーの皆様、

そして音楽を愛し続けるお客様一人一人に

心から感謝申し上げます。

【著者】
北口正人（きたぐち・まさと）
㈱阪神コンテンツリンク（HCL）代表取締役社長、Billboard Japan CEO。
1961年生、高校時代の米国滞在中にグラハムセントラルステーションを聴き黒人音楽に傾倒、卒論テーマは「ジャズとアメリカ経済史の関係」。1984年和歌山大を卒業し阪神電鉄に入社、甲子園阪神パークに配属される。1987年六甲アイランドコンペチームに参画。同時期にビジネスサロン「HPS研究所」を友人と立ち上げ、ビジネスマンネットワーク構築を開始。1990年に大阪ブルーノートを開業し運営責任者となる。1998年阪神タイガースコンテンツビジネスの構築も開始。2002年HCLに社名変更、2006年米国ビルボードと契約を締結し音楽事業のブランドを変更。2007年からビルボード事業を次々と立ち上げ、2012年電鉄復職。ミマモルメ、プログラボ等新規事業を起業・育成し2016年HCL代表取締役社長就任。「アカデミー・オブ・ガストロノミー・ジャパン」アカデミーメンバー。

billboardを呼んできたサラリーマン
電鉄会社の傭兵たちが作った夢の棲家《すみか》

2019年12月4日　第1刷発行

著者 ――――― 北口正人
発行 ――――― ダイヤモンド・ビジネス企画
〒104-0028
東京都中央区八重洲2-7-7 八重洲旭ビル2階
http://www.diamond-biz.co.jp/
電話 03-5205-7076（代表）

発売 ――――― ダイヤモンド社
〒150-8409　東京都渋谷区神宮前6-12-17
http://www.diamond.co.jp/
電話 03-5778-7240（販売）

編集制作 ――― 岡田晴彦
制作進行 ――― 川地彩香
装丁 ――――― BASE CREATIVE ,INC.
本文デザイン・DTP ―― 齋藤恭弘
撮影 ――――― 敷地沙織
印刷・製本 ―― 中央精版印刷

ISBN 978-4-478-08466-3